超级大侦探

一分钟破案

真相大白

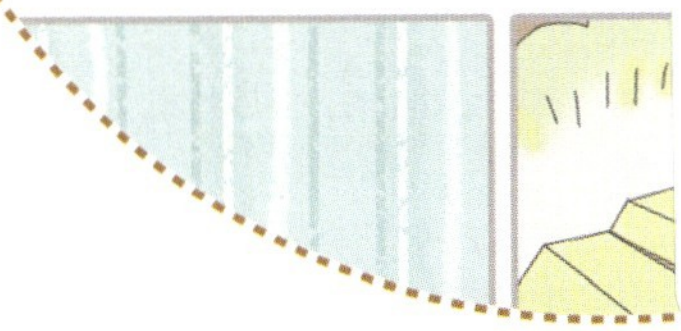

主编：张　微
编委：郝　戈　曲春泽　马丽颖　刘　妍
姚　丽　白铁峰　李　李　关　健
马　飞　杨　雪　刘肇鹏　苗效霏

哈尔滨工业大学出版社
HITP HARBIN INSTITUTE OF TECHNOLOGY PRESS

图书在版编目（CIP）数据

一分钟破案. 真相大白 / 张微主编. -- 哈尔滨 : 哈尔滨工业大学出版社, 2017.6

（超级大侦探）

ISBN 978-7-5603-6487-2

Ⅰ. ①一… Ⅱ. ①张… Ⅲ. ①刑事侦查 - 青少年读物 Ⅳ. ①D918-49

中国版本图书馆CIP数据核字(2017)第040714号

策划编辑　张凤涛
责任编辑　张凤涛
装帧设计　博鑫印务
出版发行　哈尔滨工业大学出版社
社　　址　哈尔滨市南岗区复华四道街10号　邮编 150006
传　　真　0451-86414749
网　　址　http://hitpress.hit.edu.cn
印　　刷　哈尔滨市石桥印务有限公司
开　　本　787mm × 1092mm　1/16　印张 9　字数 200千字
版　　次　2017年6月第1版　2017年6月第1次印刷
书　　号　ISBN 978-7-5603-6487-2
定　　价　25.00 元

目　录

CONTENTS

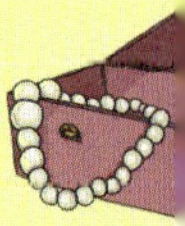

对“偷盗行为”的解释

世界名画《蒙娜丽莎》是意大利文艺复兴时期万能的天才达·芬奇在16世纪初期画的肖像，此后一直在巴黎的卢浮宫博物馆展示。

然而，这幅画于1911年8月21日早晨被盗。罪犯是个名叫培尔吉亚的意大利人，从事绘画的修理工作，常常出入美术馆。所以，未引起警备人员的注意，他从墙上摘下画，藏到工作服下面，轻而易举地将画带了出去。

两年后，他因缺钱，打算将画卖给意大利画商时，因败露被逮捕。《蒙娜丽莎》也由意大利政府安全送还给卢浮宫博物馆。法院打算判处培尔吉亚有罪，但培尔吉亚巧妙地解释了自己的“偷盗行为”，很快被释放了。

你知道培尔吉亚是怎样解释自己的行为的吗?

我是答案

对“偷盗行为”的解释

他强调自己是“出于爱国心才盗窃的”，画是属于他的祖国意大利的，所以很快被释放。

查理打电话时做了什么手脚

N国正在缉拿一伙在逃的走私犯。

一天，保安处的查理来到黑塔旅馆。他发现旅馆老板的朋友们正是被通缉的那伙坏蛋。由于这些人不知道查理的真正身份，就没有注意他。为了抓住这些家伙，查理用电话通知保安处。但是，如果电话被这伙坏蛋听到，查理就会陷入非常危险的境地。

机智的查理装着和女友通电话，这伙坏蛋听到的内容是："亲爱的琼，您好!我是查理，昨晚不舒服，不能陪您去酒吧，现在好些了，全亏黑塔旅馆老板上次送的药。亲爱的，不要和目标生气，我们会永远在一起的。请您原谅我的失约，我们不是很快就要结婚了吗?今晚赶来你家时再道歉，亲爱的，再见!"

那些家伙听了查理这番情话大笑起来。可是10分钟后，保安处的警员们突然出现在黑塔旅馆，将走私犯全捉住了。

你知道在危急之中，查理打电话时做了什么手脚吗?

我是答案

查理打电话时做了什么手脚

查理有时捂紧话筒，有时松开手，这样，保安处就收到了查理如下"间歇式"的情报：我是查理……现在……黑塔旅馆……和目标……在一起……请……

全靠神明保佑

古代，有些地方十分信奉鬼神，即使在军队里也是这样。大将狄青出征时，大军才走到永林的南边，狄青就祈祷说："出兵打仗，全靠神明保佑。"说着，就从袋子里取出100个铜钱来。狄青把钱拿在手里，与神明相约道："这次出征，我军果真能够大获全胜，那么，我朝地面掷这100个钱，就让它们全部都是正面朝上吧。"

这时，狄青的左右随从赶紧劝阻他说：“倘若钱不是全部正面朝上，恐怕会动摇大军取胜的决心。”

狄青不听劝阻，成千上万的官兵正敬重而惊疑地注视着他。狄青把手举起，疾速一挥，将100个铜钱朝地上一掷，等落地一看，铜钱竟个个都是正面朝上!消息传开，全军上下即刻欢呼起来，声浪震动着山林旷野。狄青命令左右，拿100个钉子来，依照铜钱散布在地上的位置，用钉子钉好，再用青纱罩上。狄青还亲手给它加了封，然后说：“等我们大军得胜归来时，拜谢神明后再拾起这些铜钱来。”

之后，狄青挥师扫平了敌兵，率领军队归来，按照出征前说的话前来拜神取钱。当将帅士兵们都来看这100个铜钱时，他们找到了铜钱全部朝上的原因。

你知道是什么原因吗?

我是答案

全靠神明保佑

原来，这100个铜钱是狄青为了鼓励士兵特地定做的，它们两面都一样。

克里斯蒂遇强盗

热闹非凡的生日晚宴，直到凌晨2点才结束。“夜深了，你这么孤身一人回家，我们可不放心。要不，让我们送你回去吧。”朋友夫妇热情地招呼车辆，要一起送克里斯蒂回家。

“谢谢，你们也很累了。不用送了。况且，我本就是个侦探小说家嘛，难道还会怕盗贼吗?”克里斯蒂笑着拦住朋友夫妇，匆匆地上路了。

这位英国女作家确实写过数十部长篇侦探小说，如《东方快车谋杀案》《尼罗河上的惨案》等。她在小说中塑造了跟著名侦探福尔摩斯一样驰名全球的侦探波洛的形象，可是，谁会料到，今天晚上，她本人也真的遇到了抢劫犯。

当她独自一人走在那条又长又冷清的大街上时，突然，从一幢大楼的阴影处冲出一个高大的男子，手持一把寒气逼人的尖刀，向克里斯蒂扑了过来。克里斯蒂知道逃是逃不了了，就索性站住，等那人冲上来。“你，你想要什么?”克里斯蒂显出一副极害怕的样子问。

“把你的耳环摘下来。”强盗倒也十分干脆。

一听到强盗说要耳环，克里斯蒂紧锁的眉头舒展了。只见她努力用大衣的领子护住自己的脖子，同时，她用另一只手摘下耳环，并一下子把它们扔到地上说：“你拿去吧!那么，现在我可以走了吗?”

强盗看到她对耳环毫不在乎，而是力图用衣领遮住自己的脖子，显然，她的脖子上有一条值钱的项链。他没有弯下身子去拾地上的耳环，而是重新下达了命令：“把你的项链给我!”

“噢，先生，它一点也不值钱，给我留下吧。”

"少废话，动作快点!"

克里斯蒂用颤抖的手，极不情愿地摘下了自己的项链。强盗一把抢过项链，飞也似的跑了。克里斯蒂深深地吸了口气，高兴地拾起了刚才扔在地上的耳环。

她为什么高兴呢?

我是答案

克里斯蒂遇强盗

原来，克里斯蒂保护项链是假，保护耳环是真，她刚才的表演只不过是为了把强盗的注意力从耳环上引开而已。因为，她的钻石耳环价值480英镑。

扒手脚背上的鞋印

东京某地段的地铁终点站到了，法国记者安娜小姐第一个挤出车厢，十分着急地向警察说：“我的钱包被偷了，请你们帮我查找一下。”

警察望了一下蜂拥而出的人群，皱皱眉，一摊手，做了一个无可奈何的表情，说：“对不起，小姐，我们不能对每一位旅客进行搜身呀!”

安娜说：“不用搜身，只要让男人们脱下鞋子，看看脚背就能查到扒手。”

“这是怎么回事?”

“我曾在扒手的脚背上狠狠地踩了一脚，上面必定留有我的鞋跟印迹。”

原来，刚才安娜小姐被挤到过道里，忽然她闻到一股烟气，接着身后的那个男人将一只手伸向她的胸部。安娜听说东京的流氓、扒手常在地铁里作案，谁要当场叫喊，就可能吃刀子。因此安娜不敢高声叫喊，装作被前面的人推了一踍的样子，将脚狠命地往后一跺……

警察们按照安娜的提议，集中在出口处让男人们一个个脱鞋检查，果然发现一个男人的左脚的脚背上有一块红肿，这印迹和安娜的高跟鞋后跟的形状吻合。警察就把他带到值班室，从他身上搜出了安娜的钱包。原来，这个扒手刚才挤到安娜身后，先用侮辱的方法分散她的注意力，然后行窃。

有人问安娜：“当时你踩了背后那个男人一脚，怎么就能肯定是

踩了扒手，而不是别的旅客?”

是啊，安娜是怎么判断的呢?

我是答案

扒手脚背上的鞋印

安娜推测，那一脚如果踩着了别人，那人一定会大叫起来，把她指责一通的。可是被踩的人却默不作声，这说明，他偷了安娜的钱包，因为怕暴露他的丑恶行径而不敢声张。

如何破坏定时装置

亨特侦探正躺在床上看杂志，一直觉得耳边有一种刺耳的声音在响，起初他还以为听错了，可总觉得有时钟走动的声音。枕头旁的手表是数字式的，所以不会有声响。会不会是……一种不祥之兆一掠而过，他心里非常不安，马上翻身起来，看看床下。

不出所料，床下被安放了炸弹，是一颗接在闹表上的定时炸弹。一定是白天乘他外出不在时，凶手潜入进来放置的。这是一种常见的老式闹表，定时指针正指着8点30分。大概一到这个时间，就会接通表中的干电池，引爆炸弹。现在距爆炸时间，只剩下五分钟。

闹表和炸弹被黏合剂固定在地板上，拿不下来。连接闹表和炸弹的线，也被穿在铝带中，用黏合剂牢牢粘在地板上，根本无法用钳子取下切断。而且，闹表的后盖也被封住了。真是个不留丝毫空子的老手!

亨特侦探真着急了。这间屋子是公寓的五层，所以决不能一个人逃离。如果定时炸弹爆炸，会给居民带来很大的灾难。所以要设法拆除炸弹，可眼下报警为时已晚。

亨特踌躇不已，时间一分一秒地过去了。他钻到床下，趴在地上，用指尖轻轻敲动闹表字盘的外壳。外壳是透明的塑料，不是玻璃制的。可并非轻易取得下来。万一不小心，会接通电流，有引爆炸弹的危险。

怎么办好呢?他思索了片刻，突然计上心来。在距炸弹爆炸一分钟时，亨特破坏了定时装置。你知道是用什么方法吗?

我是答案

如何破坏定时装置

让表停下就行了。

亨特用打火机将闹表字盘的外壳烧化。因为外壳是塑料的，不耐热，很快就会像糖一样熔化出一个洞，再用速干胶从洞伸进去将表针固定住，这样表就停了。

只要表针不动，无论什么时候也到不了8点30分，炸弹就不会引爆。

罪犯是怎么被抓住的

一个小伙子冒充送电报的，混进了电影制片厂大化装师的家。他从腰间抽出一把匕首，对大化装师说："如果您老老实实听我的，我就不伤您半根毫毛，只要施展一下您的手艺就行了。要一下手艺不会缩短您的寿命吧?"

这位日本著名的大化装师的化装术很高明。墙上挂着的几张电影明星的剧照，就是经过她化装后拍摄的，可算得是艺术佳品。瞧，那个40岁的男演员，经过她那双灵巧的手化装，就变成了一位20多岁的

“奶油小生”；旁边的那一位，本来是眉清目秀的姑娘，现在却成了白发苍苍的老妪。另外，还有一张男扮女装的演员剧照，不管从哪个角度看，都看不出半点破绽。

现在，那个青年凶恶地说：“我进监狱已经将近半年了。监狱的生活，真叫人难受。今天，我逃了出来，可不愿意再回到那鬼地方去了，我要请您为我把脸化装一下!”

大化装师朝他手上的匕首瞥了一眼，顺从地说：“那么，您准备化装成什么模样呢?有了，把您化装成一个女人，行吗?”

“不行!脸变成女人，以后行动不大方便。还是想个法子，把我的脸变个样子就行了。”

“那好办，把您变成一个面目可憎的中年人，行吗?”

“行啊!”

她忙碌地替逃犯化起装来。

一会儿，镜子里映出了一张肤色黝黑、目光凶狠的中年男子的脸。

“怎么样，这模样满意了吗?”

“不错，连我自己都认不出来了。”

“好，现在你该走了吧!”

逃犯把女化装师捆了起来，又拿一块毛巾塞住了她的嘴，然后推开门走了。

过了片刻，一群警察来到大化装师的家，替她松绑：“多亏您帮忙，我们才能把这个家伙捉拿归案。您受苦了!”

化装师说：“我也在祈祷，希望逃犯尽快被缉拿归案。不过，那个家伙无论如何也不知道自己怎么会被抓住的。”

你知道逃犯怎么这么快就被抓住吗?

罪犯是怎么被抓住的

原来，女化装师是仿照街上张贴的一张通缉犯的照片来化装的。她把杀人犯的那张脸转移到这个逃犯的脸上，怪不得警察一下就盯住了他。

因为职业关系，化装师要广泛收集脸谱，供化装之用。不料，她留意的一张通缉犯照片，竟派上了大用场。

我是答案

张县令智斗强盗

县令张佳胤正在堂前批阅公文，忽然闯入一胖一瘦两个锦衣卫使者。

锦衣卫使者权力极大，从京城来到县里，定有机密大事。张县令不敢怠慢，忙起座相迎。

使者说：“有要事，暂且屏退左右，至后堂相商。”

在后堂，锦衣卫使者卸除化装，露出了强盗的本来面目，威逼县令交出库金一万两黄金。事出突然，猝不及防，但张县令临危不乱。他不卑不亢地说：“张某并非不识时务者，绝不会重财轻生，但万两黄金实难凑齐，减少一半如何?”

“张县令还算痛快，数字就依你，但必须快。”

张县令说：“这事若相商不成，不是鱼死，就是网破，但既已相商成功，你我利益一致，你们嫌慢，我更着急呢!一旦泄露，你们可一逃了之，我绝无逃遁可能。然而，此事要办得周全，就不能操之过急。”

强盗问道：“依你之计呢?”

张县令胸有成竹地说：“白天人多，不如晚上行事方便，动用库金要涉及很多人员，不如以我的名义先向地方士绅筹借，日后再取出库金分期归还，这才是两全之策。”

强盗觉得县令毕竟久历官场，既为自己考虑，又为他人着想，所提办法确也比较稳妥，就当场要他筹措借款之事。

张县令开列了一份名单，指定某人借金多少，共有九名士绅，共借黄金五千两，限于今晚交齐，单子开好后随即让两个强盗过目。接着他对两人说：“请两位整理衣冠，我要传小厮进来按单借款。”

两个强盗心想，这个县令真好说话，想得又周到，要不是他及时提醒，岂不要被来人看出破绽，于是就愈加信任县令。

不一会儿，县令的心腹小厮被传了进来。县令板着脸说：“两位锦衣使者奉命前来提取金子，你快按单向众位士绅借取。要办得机密，不得有误。”

小厮拿了单子去借款了，果然办事利落迅速，没多久，就带了九名士绅将金子送来。他们为了不走漏风声，将金锭裹入厚纸内。然而等揭开纸张，里面竟是刀剑等兵刃，他们以迅雷不及掩耳之势，直扑两名强盗，强盗还没弄清是怎么回事，已被绳索捆绑了。

这究竟是怎么一回事呢?你知道张县令是怎么安排的吗?

我是答案

张县令智斗强盗

原来，这就是张县令对付强盗的计策，他先“诚意”地和强盗讨价还价，还处处“好意”地既为自己又为强盗着想，说话做事处处谨慎，具有真实感，使强盗对他信任，从而丧失警惕。他开列的“士绅”名单却是本县的九个捕快的名字。强盗是外来的，当然不认识这些名字，而小厮一看就心中有数。九个捕快都是捕盗好手，知道县令的计谋，于是结伴而来，一举擒获了强盗。

张亮智退持枪抢劫犯

雪花纷飞的夜晚，在一幢旧楼中一间狭窄的办公室里，张亮正在加班。下班时间一到，整幢楼暖气的供热就被切断。他只好打开煤气取暖炉放在脚下，一边暖着脚一边整理账目。

突然，闯进一个蒙面抢劫犯。“你放老实点儿，要喊就干掉你……”抢劫犯用手枪指着他。

张亮突然受惊，神经反射似的腾地站了起来，把椅子也碰倒在地。

“快!把钱交出来。”

张亮正要把自己桌子抽屉里的钱交出来。

“不要你那么一点儿，这儿一定有大钱。”

“科长的抽屉里还有一点儿……”

“好吧，你举起手来，站着别动，动一下就打死你!”

说着，抢劫犯一面用手枪逼着张亮，一面从科长抽屉里摸钱。他把所有的钱都塞到自己的衣服口袋里，共有五六万的样子。

抢劫犯越发贪心，又翻了其他桌子的抽屉。当他发现房间角落里的保险柜时，说：“这里一定有很多现金。你给我打开!”

“那保险柜的钥匙放在科长手里，只有科长一个人知道保险柜密码，我打不开。”

“你胡说，老老实实地给我打开!否则我就开枪了。”强盗用枪口顶着张亮的胸口威胁着。

可是，不知为什么，张亮却很坦然。

“要开枪，你就试试看，你也会一块儿死掉的。”张亮脸上浮现出笑容，并且用非常强硬的语气说道。

这使抢劫犯大吃一惊，一时不知所措。他突然发现了问题，沮丧地说了一句：“你这个畜生，你给我施了圈套。走着瞧。”便灰溜溜地跑掉了。

那么，张亮使用什么手段把持枪抢劫犯赶跑的呢?

张亮智退持枪抢劫犯

当持枪抢劫犯进屋时，张亮吃惊地一下子站起来，并把椅子碰倒了，椅子正砸在煤气取暖炉的橡皮管子上，切断了煤气，煤气炉熄灭了。

张亮发现后马上想出了一个主意。在炉火完全熄灭后，他悄悄地用一只脚踏在管子上，让煤气流了出来。狭窄的房间里充满了煤气时，他才强硬地反击，持枪抢劫犯发现煤气味，才慌慌张张地逃走了。如果开枪会引起煤气爆炸，自己也会有危险。抢劫犯之所以没发现也没听见煤气外泄的声音，是因他头上蒙着面具。

我是答案

在强盗的身上做的记号

南宋年间，有个姓王的富户，因金兵打进中原而来到临江郡新干县，居住在涛泥寺里。一天，王富户宴请客人，到半夜才散席。他喝得酩酊大醉，一头倒在床上呼呼大睡了。

几个丫环正在屋里收拾时，忽然一群穿着白衣服的强盗破门而入，大喝道："要命的不要动，你们的主人在哪里？"

有个叫蓝姐的丫环站出来说："你们不要惊动主人，掌管库房钥匙的是我。"说着把钥匙交了出来。

那些被捆绑起来的丫环心里想："主人平素对你蓝姐不错，到头来你却忘恩负义，真不要脸!"

蓝姐并不理会姐妹们轻蔑的眼光，她拿起宴席上的蜡烛，讨好地对强盗头子说："大王，小女子愿为您效劳!"

强盗头子从桌上拿起一杯剩酒一饮而尽，说："对，还是爽快些，免得大王手里的刀子吃荤!"

蓝姐发着抖说："是，是，大王，家里的金银财宝在哪里，我全知道，这就去拿给你们!"说着她又拿起一支蜡烛，引他们前去库房。

到了库房，蓝姐从角落里翻出一只箱子，打开一看，里面全是闪闪发光的金银财宝。强盗们开心极了，一齐涌上去观看，蓝姐举起两支蜡烛，凑上去为他们照明。

强盗们提起了这只箱子，又在屋里东找西找，蓝姐的蜡烛始终不离手，殷勤地为他们寻找值钱的东西。强盗们见一切顺顺当当，所以临走时也没有难为蓝姐和其他丫环。

第二天一早，主人酒醒了，听丫环们把昨晚的事一讲，怒喝道：“快把蓝姐给我叫来!”

可是，大家满屋子找，也不见蓝姐的影踪。

主人想，蓝姐逃走了!他和一个家丁慌忙到县衙门报案。谁知来到大堂之上，见蓝姐已在那里了。

蓝姐说：“东家，我早已来报案了!”

主人斥道：“你为强盗献殷勤，怕我惩罚你，现在又装起好人来。呸!光报案顶什么用!”

蓝姐说：“当时不依那些白衣强盗，恐怕大家都没命了，所以我只能假装顺从，我已经在强盗的身上做了记号。凭这些记号，官府很快就可以找到他们的踪迹了!”

果然，不多时，有几个公差来报告县官：“根据蓝姐提供的线索，已捉到一身白衣的强盗。”押上来与蓝姐一对质，果然是个强盗。

那强盗在富有心计的蓝姐面前，只得供出同党。

你知道蓝姐是怎样在强盗毫无觉察的情况下在他们身上做记号的吗?

我是答案

在强盗的身上做的记号

聪明的蓝姐趁举着蜡烛递上去为强盗照明的时候，有意用蜡烛在强盗的背上滴了好多烛油。

杀害鲁柏先生的凶手

一天，法国数学家格洛阿去找一个名叫鲁柏的老朋友。

鲁柏住在罗威艾街上的一幢四层楼的公寓里，房间是三楼9室。可是格洛阿推门一看，吃了一惊：房间里空荡荡的，什么东西也没有。

“鲁柏先生在半个月前死了，”看门的女人告诉他，“是被人用刀子捅死的。他父母刚刚寄来的钱也被偷走了。”

“犯人抓到了吗?”

“现在还不清楚。鲁柏和我是同乡，我每次做馅饼的时候，总要

分一点给他。出事的前夜，我还给了他一块苹果馅的饼，他很高兴。可没想到，他就是握着那块饼死去的。警察对此也感到迷惑不解。一个腹部受了重伤都快要死去的人，为什么要紧紧抓住那一小块饼呢？”

“有没有犯人的线索？”

“犯人肯定就住在这幢公寓里。出事前后，我都在值班室里，没见有人进这公寓，可以肯定是这公寓里的人干的。但是，这幢公寓有几十个房间，上百个人，真伤脑筋啊！”

格洛阿问：“三楼有几个房间？”

“每层楼都是从1号到15号。”

“好，你带我去看看。”格洛阿跟着看门的女人走上了三楼。快到走廊尽头的时候，他问：“这个房间住的是谁？”

“是个叫米塞尔的人，爱赌钱，好喝酒，可馅饼却和他没关系。再说，他昨天已经搬走了。”

格洛阿似乎很有把握地说：“这个家伙就是杀人犯！”

根据这个线索，那个叫米塞尔的凶手终于落网。原来，他赌钱输红了眼，知道有人汇钱给鲁柏，便去谋财害命。

你知道格洛阿是如何判断的吗？

我是答案

杀害鲁柏先生的凶手

被害人手里紧握着的苹果馅饼是一个暗示，是鲁柏留下的关于犯人的线索。

馅饼英语写作pie，与希腊字母π谐音。π代表圆周率，一般取值是3.14。那块馅饼所暗示的就是凶手住在3楼14号房间。鲁柏喜欢数学，他临死时极力想留下凶手的线索。他想到了那块没吃完的馅饼正好可以用来作为暗示，便紧紧地抓住不放。

树上的两个气球

一个星期天，12岁的小学生张明被歹徒绑架，关进山坡上的一所房子里。

“等拿到你父亲送来的赎金就放你回家。在这之前，你就在这儿老老实实地待着。”歹徒说完，把张明关进二楼的小屋子里监禁起来。万幸的是，他的手脚没被捆上，可以活动自如。但是，门外面上了锁，窗户上装着铁栏杆，逃脱是不可能的。

“能不能想个什么办法向外求救，又不让歹徒察觉?”小张明思索着。突然，他想起上衣口袋里装着一个气球和一支笔。

“对啦!我在气球上写上SOS(呼救信号)，从窗户放出去。如果谁捡到就会向警察报告的。”

张明用嘴将气球吹足了气，写上SOS，又写了一行小字。然后，他就悄悄地把气球从窗户放了出去。气球被微风吹着飞走了。

当天傍晚，正在山坡下的公园里巡逻的警察，发现了树枝上挂着两个气球，一个向上飘，另一个却向下坠。

“是不是在公园里玩耍的孩子们放的?那有些不对呀!”警察觉得奇怪，就从树枝上取下气球，看到气球上用笔这样写道：“救命!我被关在山坡上的一所房子里。”

这位警察马上与警察局取得联系，包围了那所房子，抓到了绑匪，安全地救出了张明。

那么，树上的两个气球，哪个是写着SOS的呢?

我是答案

树上的两个气球

向下坠的气球是写着SOS的那个。

因为小张明是用嘴把气球吹起来的，所以这种气球要比空气重，会向下坠。飘在上面的气球是用比空气轻的氮气或者氦气吹起来的。

死里逃生的囚徒

古希腊有个国王，一次想处死一批囚徒。那时候，处死囚徒的方法有两种：一种是砍头，一种是用绳绞死。这个国王忽然有了一个奇怪的念头："我要和这批囚犯开个玩笑。对了，让他们自己去挑选一种死法，看他们说些什么。这一定是很有趣的事儿。"

国王想到这里，就派刽子手向囚徒们宣布道："国王陛下有令——让你们任意挑选一种死法，你们可以任意说一句话——如果说的是真话，就绞死；如果说的是假话，就砍头。"

这样的法令真是太奇怪了。可是，这批囚徒的命掌握在国王的手里，反正是一死，也就顾不得多想，都很随意地说了一句话。结果，许多囚徒不是因为说了真话而被绞死，就是因为说了假话而被砍头；或者是因为说了一句不能马上检验出是真是假的话，而被看成是说了假话砍了头；或者是因为讲不出话来而被当成说真话而绞死。

国王看到他们一个个被处死，很开心。

在这批囚徒中，有一个人很聪明，当轮到他来选择处死方法时，他巧妙地对国王说了一句话。国王一听，感到很为难，只得挥挥手说："那只好放他一条生路了。"

国王那条奇怪的法令马上宣告废除——事情只能这样收场!

这个囚犯到底说的是什么呢?

我是答案

死里逃生的囚徒

他说："你们要砍我的头!"

国王如果真的砍他的头，那么他说的就是真话，而说真话是要被绞死的；但是如果要绞死他，那么他说的"要砍我的头"便成了假话，而假话又是应该被砍头的，但他说的又不是假话。他的话既不是真话，又不是假话，也就既不能被绞死，又不能被砍头。国王只好放他一条生路了。

如何争得逃脱的时间

被监禁在敌方地下指挥部的秘密谍报员施佩勒，用藏在鞋跟处的锉刀锉断了铁窗的栏杆。他发现地下室里有装着汽油的汽油桶。

为了泄愤，施佩勒决定用汽油焚烧地下指挥部，然后逃脱。

但是，在汽油起火前，他需要逃脱的时间，哪怕是几分钟也行。碰巧，没有定时装置，也没有可当作导火索的长绳。

随身物品都被没收了，口袋中只有香烟和一盒火柴。

突然，他计上心来。他把汽油洒到地上，用烟和火柴盒做成一个定时装置。于是，他顺利逃脱。大约十分钟后，汽油起火，顷刻之间地下指挥部陷于一片火海之中。

你知道施佩勒是怎么做的吗?

我是答案

如何争得逃脱的时间

将点燃的香烟夹在火柴和纸板之间。这样一来，烟烧到火柴磷火处直至引燃汽油，需要七八分钟。趁这工夫，施佩勒顺利逃脱。

决定性的罪证

一天深夜，李涛正在事务所办公室里喝着威士忌，突然，一名刺客闯了进来。

“李涛，对不起，你的末日到了!”说着将枪口对准了李涛。李涛却端着酒杯，镇定自若地说道：“别紧张嘛!谁派你来的?”

“一个被你追踪得感到厌烦的人。”

“佣金不多吧?我出3倍的价钱，怎么样?”

刺客一听，好像有点儿动心。李涛倒了一杯威士忌，端到刺客面前，带有几分讥讽地继续说道：“怎么样，不喝一杯?是不是喝下去你

的手就拿不稳枪啦?”

刺客不敢掉以轻心，他用右手举枪对准李涛，伸出左手接过酒杯，一扬脖儿喝了下去，接着便急切地问道：“你真有钱吗?”

“那个保险柜里有的是。”李涛指着桌子后面的保险柜说道。

为了使对手放心，李涛一只手端着酒杯，另一只手去开保险柜，从里边拿出一个鼓鼓囊囊的信封放在桌子上。

就在刺客把手伸向信封的那一瞬间，李涛迅速地把刺客用过的酒杯和保险柜的钥匙都放进了保险柜，关上柜门并拨乱了数字盘。这样，保险柜便再也打不开了。

“啊，你干什么?”刺客见状，立刻把枪口对准了李涛。李涛微微一笑：“那个信封里全是些旧收据。”

“你，你说什么?”

“好吧，你开枪吧，你倒是开枪啊!即使你杀死我逃走，你也一定会立即被捕的，因为你留下了决定性的罪证。”

“什么?我留下了罪证?”刺客问道。突然，他又想起了什么，“唉，我上了你的当了!”刺客懊丧地咂咂嘴，垂头丧气地溜走了。

是什么原因使得刺客悻悻而去呢?

我是答案

决定性的罪证

李涛所说的“决定性罪证”就是刺客的指纹和唾液。李涛将保险柜的钥匙和刺客用过的玻璃杯放进保险柜，并关上了柜门。在那只玻璃杯上，留有刺客喝威士忌时的唾液和左手的指纹。

阿桑借据丢失后

伊朗有个叫阿桑的人，颇有积蓄，为人厚道，乐于助人。

一天，服装商人加伊前来拜访阿桑，阿桑热情接待，加伊愁眉苦脸地说："唉，有了现成的生意，却缺本钱。"

阿桑关心地问道："缺多少钱?"加伊开口要借2 000金币。阿桑慷慨答应。

一张借据，一顿千恩万谢，阿桑便满足了。

可过了几天，妻子问起借钱的事，要看借据，阿桑找遍房间也没找到。妻子提醒阿桑："没了借据，小心将来加伊把钱全部赖光。"阿桑心里也着急了。于是阿桑去找好友纳斯想办法。纳斯问："借钱时有没有别人?"阿桑摇摇头。

纳斯又问："借钱的期限多久?"

阿桑伸出一个食指："一年。"

纳斯略一思忖，就说："有办法了。"接着他说出了一个巧妙的方法，让阿桑获得了一个重要的证据。

你知道是怎么回事吗?

我是答案

阿桑借据丢失后

纳斯让阿桑马上写封信给商人加伊，催他尽快归还借给他的2 500金币，收到信后商人加伊急忙回信声明自己只借了2 000金币，阿桑因此又得到了借款的证据。

巧妙传递危险信号

玛丽打开了电视机，播音员正在播报一条消息："今天19点左右，在贝姆霍德花园街，一名79岁的老人在遭抢劫后被枪杀。据目击者说，凶手穿绿色西装。请知情者速与警察局联系。"

花园街正好是玛丽住的这条街。她感到很害怕。正在这时，门口突然出现了一个35岁左右的男子，身穿绿色西装，而且衣服上有血。玛丽吓得脸都白了。

那人让玛丽把手表和金戒指给他。突然有人敲门。那人用刀顶着玛丽的背，命令道："到门口去，就说你已经睡下了，不能让他进来。"

玛丽问道："谁呀?"

"韦尔曼警官。玛丽小姐，你这儿没事吧?"听到这熟悉的声音，她内心平静了许多。

"是的。"她答道。停了一会儿，她用稍大的声音说，"我丈夫也在问你好，警官!"

"谢谢，晚安。"

不一会儿，巡逻车开走了。

"干得不错，太妙了。"那人高兴地大口喝起酒来。突然，从阳台上的门里一下子冲进来许多警察。歹徒还没有反应过来，就被戴上了手铐。

"你真聪明，玛丽小姐。你没事吧?"韦尔曼警官关切地问道。

请问，韦尔曼警官是怎么听出玛丽的"话中有话"的?

我是答案

巧妙传递危险信号

韦尔曼警官是玛丽的朋友之一。他知道玛丽还没有结婚，所以没有丈夫。当玛丽得知门外是警官时，便故意说她丈夫也问韦尔曼好，他就明白是怎么回事了。

争取逃跑时间的巧妙办法

被特工部门视为超级间谍的梅西，为了一份重要情报，巧妙地混入了A国举行的一个外交集会。

梅西伪装成一个记者，背着高级照相机，利用伪造的证件潇洒地步入了会场。

就在他不停地拍照的时候，联邦调查局的一位中年特工大步走到他的眼前。

“记者先生，能看看你的证件吗?”

“当然。请过目。”梅西微微含笑，彬彬有礼地递上“记者证”。

那中年特工仔细看过“记者证”，突然厉声喝问：“好一位冒牌的记者先生，还是亮明你的真实身份吧!”他一面说，一面将手伸进衣袋里取枪。

梅西从那咄咄逼人的目光里知道遇上了A国特工，自己必须立即逃走，而且他站的地方离大门十分近，但他立刻又想到，如果自己此刻转身逃跑，那A国特工一拔出手枪，自己就会被击中。梅西毕竟是位名副其实的超级间谍，他急中生智，想出了一个迷惑对方、争取时间的巧妙办法，终于机智脱险，逃之夭夭。

你能猜出是什么办法吗?

我是答案

争取逃跑时间的巧妙办法

梅西用闪光灯向A国中年特工的眼睛闪了一下，使对方暂时失明，趁此瞬间逃离会场。

顺子被关在饭店的几号房

从一周前，推理小说作家江川先生就住进了某饭店1029号房间，埋头写作，闭门不出。他的情人电视演员顺子来住了一宿。第二天，她戴上太阳镜，出了1029号房间。

意想不到的是，在等电梯时，一个戴着太阳镜的男人用刀子胁迫顺子，把她关在饭店的一个房间里。

那个男人给江川打电话：“今天下午3点以前，把800万元放到中央公园喷水池旁的长凳上。如果报告警察，你的情人就别想活!”

顺子被堵上嘴，绑在椅子的扶手上，她的上臂部、手腕还能自由活动。不过，解开绳子是不可能的。

罪犯说还没吃饭，便出了房间。看样子，他像一名落魄的艺术家，出人意料地具有绅士风度，丝毫没有想凌辱她的样子。他说昨晚偶尔看见顺子进入江川先生的房间，才起心绑架，从今早开始一直监视着1029房间。

顺子看了看表，一点过两分，她已被关押了两个小时。她想尽早告诉江川她被关押的地方，以便他能够救她。被罪犯带来时，她看见门上的号码，并暗暗记下。床头就有电话，但手够不着，两脚也绑在椅子上，寸步难行，她在绝望之时忽然急中生智，当手表走到一点过五分时，她用左手手腕，拼命把表撞向椅子扶手，经过数次撞击，表壳破了，时针也停了。

罪犯回来后，顺子说：“我有个要求，想把我的表交给江川先生。你把我绑在椅子扶手时，表撞到扶手角上了。这块表是我生日时江川先生送我的礼物。他见到表才会相信你，把赎金交给你；如果空着手去，江川先生不会老老实实地把钱交给你。”

罪犯从顺子手腕解下手表，毫不怀疑地装进口袋里。

3点钟前，江川先生已从银行取出钱，乘出租车到了公园。他发现喷水池旁有一个长椅，椅子下扔着一个揉皱的购物袋，江川捡起一看，里面有块女表和便条。

便条上写着：“手表是她的证明。把钱放入这个袋中，然后藏到旁边的垃圾箱里立即走开。我在监视你，想暗算我可办不到!”

江川先生看着手表，心里一阵不安，表壳被打坏了，时针停在一点过五分上。被囚中，顺子受到了粗暴的虐待吗?如果真是这样，想得到赎金的罪犯为什么又特意给我看这块表呢?他应该不让我担心顺子的生命才对呀!那么，这块表是顺子发出的求救信号吗?

江川先生不愧为推理小说作家，思考片刻，他惊喜地说：“啊，我知道了，顺子一定被关在那个饭店的某间房中，而且，那间房屋的号码是……”

江川收起钱袋，快步走出公园，招手叫了辆出租车，飞速赶到饭店。

一到饭店，他直接奔向认定的房间。门锁着，敲门也没人应。江川先生叫来经理，向他说明情况，把房门打开，果然见到顺子被绑在椅子上!

那么，顺子被关在饭店的几号房?江川是怎么推断出来的?

我是答案

顺子被关在饭店的几号房

顺子手表时针指着一点过五分，就是她被囚禁的房间号码。

下午一点过五分，读做十三时零五分，于是江川断定是十三楼的1305号房间。

另外，罪犯没经过饭店交换台打来电话，所以江川知道罪犯是从饭店内挂来的。

吓跑女流氓的高招

某出版社的青年工人孙亮，深夜下班经过一个灯光暗淡的小巷时，忽然从暗处闪出一个花枝招展的女郎，堵住了他的去路，并威胁说："快把钱包、手表全给我，否则，我就送你一个拦路强奸的罪名，马上拉你上公安局！"

孙亮想回身避开这个女流氓，不料后面不远的电线杆旁边也站着一个打扮入时的女流氓。

孙亮觉得进退不得，心想：如果跟她们动武，她们当然不是对手；但要是让她俩缠住，被扭送到派出所，她们两张嘴自己一张嘴可怎么也说不过她们！

孙亮毕竟是出版社的职工，平时读过不少侦探小说，他急中生智，马上想出了一个小点子。当他在一阵沉默之后，突然大喊大叫要拉那两个拦路的女流氓去派出所时，那两个女人吓得掉头就跑，一眨眼连影子都不见了。

你可知孙亮使了什么妙计，吓跑了两个女流氓？

我是答案

吓跑女流氓的高招

孙亮先装成哑巴，打着手势，示意自己耳朵听不见，要女流氓把要求用笔写在他手心上。当女流氓写完“要你手表、钱包，如不给，就告你强奸”后，孙亮握拢手心，大喝一声：“无耻女流氓，跟我上派出所去!”对方自知罪证被人抓住，只好逃之夭夭。

少年吉姆的藏身之计

这是美国西部开拓时期发生的事。白人牛仔们袭击印第安部落，烧杀掠夺，杀害了整个部落的居民。但只有酋长的儿子少年吉姆跨上匹骒马得以逃生。当他拼命跑过山冈，厄运从天而降，马腿骨折不能动了。眼看着马如此痛苦真是太可怜了，除了让马安乐死别无他法。少年吉姆从腰间拔出短刀，割断了马的喉咙。正在此时，白人牛仔们出现在山冈上，他们是在拼命地追赶逃跑的少年吉姆。

“这次找到他就一定杀了他。”

少年吉姆吓得浑身发抖，躲到了马的后面。现在跑出去的话，马上就会被发现而被杀掉。看看四周，是一片没有任何遮挡的一望无际的草原，草原上的野草也只不过有膝盖那么高，找不到任何藏身之处。他猛地想到了一条妙计。

再看那些白人牛仔们，几分钟后越过山冈赶了过来。发现了倒在地上的那匹马，马肚子已经被剖开，可印第安少年却无影无踪了。马肚子里流出了内脏，秃鹰嗅到了血腥味儿聚了一大群，争着吃它们的美餐。

“这个小东西，逃到哪儿去了?”

白人牛仔们感到十分蹊跷。

这时候，天空不断飞来一只只秃鹰来争食美餐。白人牛仔们感到这种场景令人作呕，便赶紧离去。

那么，少年吉姆究竟藏身何处?

我是答案

少年吉姆的藏身之计

少年吉姆藏进了死马的肚子里。

当他发现敌人追来时，他用短刀剖开马肚子，掏出内脏，自己钻了进去。因为少年个子小，是完全可以藏在马肚子里的。

飞机是如何安全降落的

飞往美国纽约的民航班机起飞不到20分钟，机场控制中心就接到这样一个匿名电话："我们在飞往纽约的那班飞机内装了炸弹，在飞机起飞10分钟后，炸弹的定时装置就会开始工作，当飞机要着陆，降到海拔2 000米以下时，由于受气压变化的影响，炸弹就会送全机人员上西天，哈……"机长听完从机场传来的噩讯，霎时间脸色惨白。

飞机控制中心的气氛顿时紧张起来。因为目前飞机是在离地1万米上空飞行，假如降落到海拔2 000米的低空时，飞机就会爆炸，那么飞机飞行的高度，势必不能低于2 000米，可是燃料用尽之后……

炸弹怎么也找不到，如何死里逃生?经验丰富的机长突然想到了一个妙法："各位放心，我有办法了!"于是，他改变航向后继续飞行。在接近某机场时，飞机由8 000米、6 000米、5 000米、4 000米、3 000米……的高度逐步下降，最后安全地着了陆。

事后检查飞机，专家在没有气密装置的尾翼找到了特殊的炸弹。为了证实这枚炸弹的真实性，专家开始进行试验，果然炸弹在海拔2 000米处爆炸了。

既然炸弹的威力仍在，那飞机是如何安全降落的呢?

我是答案

飞机是如何安全降落的

在海拔2000米以上的机场降落肯定安全。墨西哥城位于海拔2200～2300米的高原上，机长改变航向，在墨西哥城的机场降落。

送给公公的一杯茶

奸臣严嵩连夜写着奏疏，编造罗洪先的罪名，准备在次日早朝时在皇帝面前说他的坏话，治他的罪。

罗洪先是严嵩的亲家，这时他还被蒙在鼓里，不知道自己将要大祸临头。

终于，严嵩的秘密被他的女儿发现了，爹爹这次要整倒的正是她的公公，这怎能不让她着急呢?可是严府家法森严，即使做女儿的也不

能随便行动，更不要说去通风报信了。

情急生智，她让丫环给公公送一杯茶，再三嘱咐说：“务必请我公公体会这茶的意思。”

罗洪先这时还没有睡，他见儿媳妇派丫环送茶，心里已是疑惑，半夜三更的还送茶水干什么呢?打开茶碗一看，只见水面上浮着两颗红枣和一撮茴香，更是犯疑。这个罗洪先亦是个官场人物，不过为人正直。他喝过各种各样的茶，唯独没有见过枣子茴香茶，而且儿媳让他务必好好体会茶中之味，这倒引起了他的警惕。联想到今晚严嵩举行的宴会上，一些奉承拍马的人都在不停地颂扬严嵩用巨鱼骨头当房梁新造的客厅，自己听不进去，当着客人的面批评客厅造得过于豪华和浪费，严嵩当场就沉下脸来。也许，这位心地狭窄、报复成性的家伙，正在打自己的主意吧。他想到这里，再看看茶杯中那两颗血红的枣子和一撮茴香，顿时悟出它的含义来，莫不是儿媳已经得到信息，暗示我……

罗洪先不觉惊出一身冷汗来，再也不敢上床入睡。第二天拂晓，他骑着快马急奔故乡。严嵩看见亲家已走，在皇帝面前告状的事只得作罢。从此以后，这两位亲家再也没有往来。

你知道这茶水有什么暗示吗?

我是答案

送给公公的一杯茶

早（枣）早（枣）回（茴）乡（香），逃离这是非之地吧！

传递信件的高招

一天夜里，有个名叫欧文的怪盗，潜入一个外交官的住宅，在三楼卧室里，偷到一份重要的外交信件。他正要离开房间，突然听到门外有脚步声——外交官参加完晚会回来了。欧文从门逃走已经不可能了，看来只能跳窗户。窗下有一条运河。跳运河就可以脱身，但欧文担心外交信件被弄湿而前功尽弃。踌躇中，他看到自己的同伙在对面大楼窗口等待接应。于是灵机一动，决定先把信件递给同伙，再只身逃走。欧文钻到窗外，站在窗台上，探身、伸手，可是很遗憾，还差一点点儿，够不着。手边又没有杆子或棍子之类的工具；对面大楼的窗台很窄，跳过去也没有落脚之处；把信件扔过去，又担心被风刮跑。一时，足智多谋的怪盗欧文竟束手无策。

可是仅仅几秒钟之后，欧文就有了办法，什么工具也没有用，就把信件递给了同伙儿，然后只身跳入运河之中，匆匆离去。

你能知道欧文是用什么方法把信件递给同伙的吗?

我是答案

传递信件的高招

原来，欧文在危机之中，摆脱了以往人们总是用手去传递信件的思维定式，他爬出窗口，用手拉着窗框，脱了鞋，把信件夹在脚趾上伸出去；他的同伙也同样用脚接住信件。

惊慌失措的死者丈夫

曼丽在她豪华的别墅里惨遭杀害，名探亨特和警长汉普斯闻讯后马上赶到现场，迅速检查了红色地毯上的尸体。“她是被手枪柄敲击头部而死的，她至少被敲了四五下。”

在尸体旁找到了一支手枪，警长汉普斯小心翼翼地吹去上面的灰尘以便提取指纹。

“我已给她的丈夫奇金打了电话，”警长说。“我只说他必须马上赶回家。我讨厌向别人报告噩耗。等一会儿你来告诉他好吗?”

“好吧。”亨特答应着。

救护车刚刚开走，惊慌失措的丈夫就心急火燎地闯进门来了。“发生了什么事?曼丽在哪里?”

“我不得不遗憾地告诉您，她在两小时之前被人杀害了。”亨特说，“是您的厨子在卧室中发现尸体并报警的。”

“我在这枪上找不到指纹。”警长用手帕裹着枪走进来对亨特说，“看来不得不送技术室处理了。”

奇金紧盯着裹在手帕中的枪，脸上的肌肉抽搐着，显得异常激愤。突然，他激动地抓住警长的手说：“如果能找到那个敲死曼丽的凶手，我愿出5万美金重酬。”

“省下你的钱吧。”亨特冷冰冰地插言道，“我想已经无须再找了，我怀疑你就是凶手!”

亨特侦探根据什么这样说呢?

我是答案

惊慌失措的死者丈夫

奇金说：“如果能找到那个敲死曼丽的凶手……”，自然会引起精明的亨特侦探的怀疑。假如奇金是无辜的，在别人告诉他真相之前，他就不可能知道他妻子是被敲死的。他看到了凶器——手枪，本应认为其妻是被枪杀的。

这个人不是真凶

一场混乱的枪战之后，莱尔医生的诊所里冲进一个陌生人。他对医生说：“我穿过大街时，突然听到枪声，见到一个人在前面跑，两个警察在后边追，我也加入了追捕，就在你的诊所后面的这条死巷里，遭到那个家伙的伏击，两名警察被打死，我也受了伤。”医生从他的背部取出一粒弹头，把自己的一件干净衬衫借给他换上，然后又把他的右臂用绷带吊在胸前。

这时，警长和地方殡仪员跑了进来，殡仪员喊：“就是他!”

警长拔枪对准了陌生人，陌生人忙说：“我是帮你们追捕逃犯受的伤。”殡仪员说：“你背部中弹说明你是在跑!”在一旁目睹这一切的刑事专家霍金斯对警长说：“这个人不是真凶!”那么，谁是真凶呢?

我是答案

这个人不是真凶

殡仪员是真正的凶手。他进诊所时，陌生人已经换上干净的衣服，并且吊着手臂，他不应知道陌生人是背部中弹。

救护车里的破绽

下班时间到了，侦探雷姆回家，他从容地漫步在詹金森大街的人行道上。

突然，一个女人的喊声从背后传来："轿车撞人啦!快截住那辆车呀!"雷姆快步走向出事地点，只见一个男子躺在马路上，头部在流着血。那个呼叫的女人正站在马路当中，怒气冲冲地跟一辆救护车司机吵嘴，她要求那辆救护车立即把她受伤的丈夫送医院——那辆救护车是在飞驰中被女人拦下的。

司机说："别挡道，太太，我们要去接一个急病患者!"

那女人说："不行!快把他送医院，你们没看到吗，他给车撞了，

伤势不轻!”司机仍不肯，围观的人对司机的态度愤愤不平，帮那个女人说话。司机无可奈何，向车上两个穿白大褂的大夫点了点头。两个穿白褂的大夫下了车打开救护车后门，取出担架，把被撞的那个男人放上去。正在这时，两辆警车开来，不得不在救护车的后面停下来。

“喂，快把救护车开到边上去!”警长从车里出来喝道。

“警长先生，不是我们要拦路，我们本来在行驶，是这位太太拦住我们……”司机诉说了一通。

“少啰唆!我们还得去追捕坏人!”警长认为，撞人的闯祸车里的人是坏人，不然，为什么惊慌失措把人撞伤?这该死的救护车拦在路上，真不是时候。他正要发脾气，忽然发现侦探雷姆挤在人群里正艰难地向他走来。

“您好，雷姆先生!”警长恭敬地走向前，把手伸过去。

雷姆和他热烈握手：“您好，警长先生!出了什么事，让您在下班时间还在大街上奔波?”

“是这样的：十分钟前，大世界银行被抢。出纳员吓坏了，我们问她，她居然说不出罪犯到底有几个，只记得他们脸戴面具，身穿黑色披风。我想，抢劫犯也许坐在那辆撞人的车上，请问，您看到了吗?”

侦探摇摇头说：“没看到。”

这时，那两个白大褂用皮带把伤员扎好，轻轻把担架推进救护车里。就在他们准备关上门时，雷姆看见了伤员的头，伤口还在往外渗血，因为伤员头朝外脚朝里躺着。雷姆急忙和警长嘀咕了几句，警长立即命令警察把那辆救护车扣押起来，并且逮捕了司机和两个白大褂。警长不容辩解地说：“你们就是银行抢劫犯!”

“有什么证据?凭什么血口喷人!”白大褂大声嚷道。“警长先生，我们还得抢救心脏病患者呢!”司机大叫。

“别演戏啦!瞧!”雷姆冷笑一声。警察从救护车里搜出了整扎的钞票、两件黑披风和三支手枪。请你说说，雷姆先生为什么知道救护车上的司机和两个白大褂就是抢劫犯?

我是答案

救护车里的破绽

冒牌大夫露了馅。他们把伤员放上救护车，是脚朝里头朝外推进去的，这就犯了常识性错误。其实，进救护车总是先进头的。由此，雷姆先生断定救护车是偷来的，白大褂是伪装的。

这绝不是自杀

一个春天的早晨，人们发现因丑闻而声名狼藉的混血儿电视女演员，死在自己的公寓里。

接到报案后，警察马上赶往现场。亨特侦探闻讯也跟了过去。

现场似乎没有任何异常，女演员躺在床上，全身盖着被子，只露着脑袋。额头上满是鲜血。看上去是用手枪射击右太阳穴自杀的。梳妆台的三面镜上用口红写着“我憎恨舆论”几个字。

可是，老练的亨特侦探只看了一眼现场，便断定说：“不，这绝不是自杀，是伪装自杀的他杀。”

那么，你知道为什么吗?

我是答案

这绝不是自杀

当老练的亨特侦探看到死者的两手放在被子里面时，便马上断定是伪装自杀的他杀。

如果真是自己用枪击穿头部自杀的话，就会立即死亡。所以不会特意等手枪丢在地上后再把手放进被子里，这是绝对不可能的。

秘书的谎言

乔治探长和朋友们一起坐船去英国旅行。那天，海上风浪很大，轮船摇晃得厉害。

乔治觉得有些头晕。“这鬼天气，真够呛!”他跌跌撞撞地说。

朋友们也都摇头：“真是难受!”

就在这个时候，一个船上的服务生匆匆过来报告：“乔治探长，船上发生了人命案!”

乔治大吃一惊，连晕船也忘记了，跟着服务生来到船上的一个舱房里。只见地上躺着一个女子，那是富孀特利丝太太，她胸口中了一枪，舱房内的保险箱已经被人打开，房间里还站着一个男子。

“我叫格里特。”那男子说道，“是特利丝太太的私人秘书。刚才，我正在我的舱房里写东西，忽然听到枪声，出来一看，仿佛有个黑影在过道上消失，接着就发觉特利丝太太已经死在她的房间里了。”

乔治看了秘书一眼，对他说：“我可以到你的房间去看看吗?”

“当然可以。”格里特回答道。乔治来到格里特的房间里，见写字台上放着一叠文件，旁边的记事栏里留下了一行行工整的字迹。

“刚才，你就在房中写这些吗?”乔治对他说。

“不错。”格里特回答道。“你说谎!”乔治说。格里特脸色顿时变了，他不明白自己的谎言为什么竟会一下子就被人戳穿。你知道其中的缘由吗?

我是答案

秘书的谎言

格里特的话露出了十分明显的破绽，乔治当然是马上可以把他戳穿的。

要知道那天风浪很大，轮船摇晃得很厉害，如果格里特真的是在舱房里写东西，那么字迹一定是歪歪斜斜的，然而他的记事栏上留下的却是“一行行工整的字迹”，显然格里特是在说谎。

是太监做了手脚

孙亮是三国时吴国国君孙权的小儿子。孙权死时，他只有10岁，就做了国君。一天，园丁向国君献上一筐青梅，孙亮刚想吃，想到宫中仓库里有蜂蜜，就叫太监去取。那太监知道宫廷里收藏的蜂蜜味道特别好，也曾经向掌管内库的官吏讨，都遭到那官吏的拒绝，太监一直气在心里，想报复一下。他把蜂蜜领出内库外，在蜂蜜里放了十几颗老鼠屎。

太监献上蜂蜜后，孙亮把青梅在蜜中浸一下，刚要吃，猛然发现蜜中有老鼠屎，气愤地下令把管理仓库的官吏押来。

孙亮质问道："你专职管理仓库，却竟让老鼠把屎屙到蜂蜜里，知道这是什么罪吗?"

那小官吏知道这是渎职罪，轻则丢官，重则坐牢。但他一直小心翼翼，存放蜂蜜时先检查有没有杂质，检查后才装进干净的坛子里密封起来，绝对不可能有老鼠屎的。他于是连连叩头，接着反复申诉，高喊冤枉。

孙亮沉思了一会儿问："太监向你要过蜜吗?"

小官吏说："他私自向我讨过多次，我没敢给。"

太监大声嚷道："胡说，我从来没有私自向他要过。"

这时，站在孙亮身边的几个大臣说："他们的供词不一样，应当把他们送到监察司审问。"

孙亮摆摆手说："不用，这事很容易弄清楚。"接下来，他很快就证明了这事是太监在陷害管理仓库的官吏。

你知道孙亮是怎样证明的吗？

我是答案

是太监做了手脚

孙亮命令太监把老鼠屎捞出来，并叫他把老鼠屎用刀剖开。他逐个检查了剖成两半的老鼠屎，发现这些老鼠屎都只是湿了点外表，里面都是干燥的，说明是刚放进蜜中不久。如果老鼠屎早就放在蜜里，应该里外都是潮湿的。这就证明是太监领出蜂蜜后，放进去的。

三百万元旧钱币

这一天加拿大某市警察局的雷尼警长接到一个自称彼尔的人打来的电话。他报告说：他押运的那节车厢中的一只钱币袋被人抢走了，里面装着300万元旧钱币。许多国家都定期销毁一定数量的破旧污损的纸币，以便发行同等数量的新纸币。销毁旧钱币是在非常秘密的状态下进行的，现在这么大笔钱币被抢，可是个大案。

雷尼警长放下电话，马上带领助手赶到现场。可是除在靠近

车门的地方发现了两支只抽了一半就丢掉的烟头以外，没有发现什么可疑的痕迹。彼尔头发蓬乱，脸上有一道血痕，非常狼狈，他向雷尼警长讲述了他与歹徒搏斗的经过：

“昨天上午7点半，我像平常一样，把站台上所有的东西装上了火车。这时候，我的上司用手推车推来了一个邮袋，对我说这个邮袋里面装的是要销毁的旧钱币，共300万元。他要我把这个钱币袋也装上火车，运到终点站以后，就交给站长。他还对我说，路上不要让任何人知道这件事，我就把它装上火车，并且放在我的小桌子下面，这样就便于重点看管。大约11点15分，我正在准备下一站要卸下去的东西，忽然听见有人在敲门，我就去开门了。”

“那么你还记不记得是怎么样的敲门声呢?”

“先是轻轻地敲了两下，然后又重重地敲了三下。”

“你有没有问清来的是谁?”

“没有，因为我觉得来人可能是列车长，或者是列车员，绝对没有想到是坏人，因为我想这个车上除了我以外，没有任何人再知道这件事了。”

“那么你到底有没有看清楚进来的人是列车长还是列车员呢?”雷尼警长又问。

“进来了两个人，我根本不认识他们。这两个人都戴着面具，只露着两只眼睛，哦，对了，他们还戴着手套呢。”

“他们进来后干了些什么?”

“那个大个儿胖子进来后没等我说话，就一拳把我打倒在地。然后就用绳子把我捆了起来，就在这个时候，那个瘦个儿就从小桌下面取出了那个钱币袋，扔了下去……”

“那么你脸上的那个口子是怎么回事呀?”

“是那个大个儿胖子手上的戒指划的。”

“哦，那他戴的是什么样的戒指呢?”

“是金戒指，上面好像还有一块蓝宝石。”

“你讲得真是太生动了，”雷尼警长笑着说，“来，抽支烟。”“谢谢您，我不会抽烟。”彼尔说。“你不会抽烟，为什么在那节车厢里会有两个烟头呢?”“哦，对了，就是那两人的，他们进来的时候每个人嘴里叼着一支吸了一半的香烟。”

“他们待在车厢里的时候，你听见他们说些什么吗?”

“没有，因为当时火车行走的声音太大了。”

雷尼警长微微一笑，说：“这个案已被我破了——罪犯就是你!”

“雷尼警长，你可不能冤枉好人呀!”

警长到底是不是冤枉彼尔了呢?

我是答案

三百万元旧钞案

没有冤枉他，他自己的证词中出现的漏洞证明他就是罪犯。一、既然两名强盗进门时都戴着面具，他怎么可能看见他们叼着香烟呢?二、打他的那个大个儿胖子既然戴着手套，他怎么能看见他手上的金戒指，并且还能看到上面镶着的蓝宝石呢?三、既然列车行进的时候声音很大，他怎么能够听见那两声轻轻的敲门声呢?

伪装的作案时间

一个电闪雷鸣的雨夜之后的清晨，著名的侦探亨特发现他的好朋友、独身生活的推理小说作家乔治死在了公寓的房间里。

他的手里还拿着笔，旁边放着一沓稿纸。显然是他正在聚精会神地写作时，被人突然从背后刺了一刀而身亡。

亨特发现尸体时，写字台上的荧光台灯还亮着。

这是一台没有起辉器的简易日光灯。但奇怪的是，写字台上放着的一只手电筒也是亮着的。公寓的管理员解释道："昨天夜里从十点钟起，这座公寓停了大约30分钟的电。大概是变电所遭了雷击。所以，被害人一定是在停电期间借着手电筒的光写小说时被害的。"

"不，被害事件的发生是在来电之后。凶手是为了伪装成停电时作的案，才故意将手电筒打开，然后逃走的。"亨特再次扫了一眼现场就做出了推断。

事后证明，亨特的推断果然正确。

那么，亨特判断的证据是什么呢？

我是答案

伪装的作案时间

没有起辉器的简易荧光灯，一旦停电，荧光灯熄灭后，即便来电也不会自行再亮。

所以，如果罪犯在停电前或停电时作案后逃走的话，那么第二天尸体被发现时，现场的荧光灯理应是灭着的。而相反，荧光灯却是亮着的，这就是说来电时被害人还活着，是自己开的灯。在这之后，凶手来杀了他。为了伪装成是停电时作的案，凶手故意把手电筒打开放在桌子上。然而失败就失败在忘了关掉荧光灯。

被隔着门的手枪击中的死者

上午10点，东京某公寓二楼传出“砰”的一声枪响。接着一个执枪的蒙面大汉冲下楼乘车逃跑了。亨特侦探接到报告，赶到现场209号房间。

只见一个男人倒在地上，额头中了一发致命的子弹。显然被害者是在开门前，被隔着门的手枪击中的。经公寓管理员辨认，死者不是该房的住者石川，因为石川是个最次轻量级职业拳击

家，身高只有1.5米，而死者身高足有1.8米。

由于不清楚死者的身份，只好取他的指纹进行化验。没想到死者竟是前几天从M银行里席卷5 000万巨款而逃跑的通缉犯西泽三郎。

亨特侦探来到拳击场找石川。石川一听西泽三郎被杀，面色陡变。他说西泽三郎是他中学同学，昨夜突然来他家借宿，不想当了他的替死鬼。

山田警长听说“替死鬼”三字，连声诘问：“怎么，有人想杀害你?”

石川回道：“正是!上周拳击比赛，有人威胁我，要我故意输给对手，然后给我50万日元。不然，就要我付出代价。我拒绝了。他们把西泽三郎当成了我……”

没等石川说完，亨特侦探说：“不要再演戏了，你是帮凶!是你导演了这幕凶杀案，目的是想夺取西泽三郎从银行盗来的巨款!”

你能猜出亨特侦探是怎样识破石川的吗?

我是答案

被隔着门的手枪击中的死者

被杀的通缉犯西泽三郎是个身高1.8米的大个子，而石川只有1.5米的身高。显然，凶手是在知道西泽三郎的身高之后，才能一枪击中他的额头的。

谁是纵火行凶的嫌疑人

深夜，“白宫大厦”失火，138房间里浓烟滚滚，住在一间套房里的赵小姐逃了出来，而另一间套房里的白小姐则被烧死在里面。

验尸发现，白小姐在起火前已经被刀刺中心脏而死。她的房间里还发现有一个定时引火装置。

赵小姐说：“我因为有点事很晚才回去，看到白小姐已经睡了，就回自己房间里休息。刚刚睡下，便感觉胸部郁闷而醒来，发现四周弥漫着烟雾，急忙大声喊叫白小姐，然后跑到室外。”

人们又找到平素与白小姐不睦的汤先生。

汤先生说：“也难怪你们怀疑，我还收到一封恐吓信呢。”

他拿出一封信来，上面写着：“我知道你是刺杀白小姐的凶手，如果不想被人知道，必须在6月1日下午6时，带100万现款，到黄海车站的入口前。”这时，离案发时间只有3小时。

聪明的警察立即发现了凶手。凶手是谁?为什么?

我是答案

谁是纵火行凶的嫌疑人

在案发后3小时，不可能会收到信件。这个时候，唯有真正的凶手才知道白小姐是被刺杀的。汤先生过早地拿出这封信，恰好暴露出自己是真凶。

借用亲戚家别墅的嫌疑犯

为了调查某案件，亨特侦探询问嫌疑犯：“上周日晚上，你借用亲戚的别墅，一个人住在那里。你对刑警是这么说的吧。可是有谁能证明呢?”

“是的，没错。因此我不是罪犯。”

“可是，据住在离别墅二百米的邻居说，那天晚上9点钟左右去

那里时，你住的别墅里一片漆黑，怎么按门铃也没有回音。”

“不可能，我一直在家。晚上8点左右我突然感觉很冷，便拿出旧式电炉点上，由于发生短路而停电。因没有备用保险丝，我只好喝了点儿酒早早地睡下了。因此，门铃没电也就不响了，我也就没注意到有人来过。”嫌疑犯回答说。

可是，这个谎言被事先早做过调查的亨特侦探一下子就揭穿了。

这是为什么?你能听出破绽吗?

我是答案

借用亲戚家别墅的嫌疑犯

停电和门铃没关系。

别墅的门铃是电池式的，与停电毫无关系，只要电池没用完，门铃是应该响的。

因用的是亲戚家的别墅，所以这个嫌疑犯没有注意到门铃是用电池的。

无法自圆其说的女招待员

法国巴黎一家豪华的旅馆。

一大清早，经理就向警察局报案，旅客沙娜小姐的一个装有许多贵重首饰的手提包被窃了。

几分钟后，警长哈尔根赶来了，他察看了一下现场后，就把沙娜小姐叫到跟前，询问发案的经过。

沙娜小姐是代表公司来参加一个国际博览会的，一下飞机就来到这家旅馆。她的手提包里装有许多精美的首饰，二楼的女招待员替她把手提包放在床头柜上。

“小姐，您需要什么?请尽管吩咐。”女招待员十分殷勤地说。

沙娜小姐说：“我没有别的事，只是请您明天早上给我送一杯热牛奶来。”

睡觉前，沙娜小姐还把首饰清点了一遍，没发现损坏什么。

第二天一早，她醒来后便按电铃叫女招待员送牛奶来，自己去洗漱间。刷好牙，她在洗脸时，听见房门开了，以为是女招待员送牛奶来了，便没在意。

可是，当她冲洗脸上的香皂时，只听见外面“啊”的一声惨叫，接着是“扑通”一声，沙娜小姐急忙奔出去看，只见女招待员躺倒在房门口，已经失去了知觉，额上鲜血直流。她再往床头柜上一看，更是吃了一惊：手提包不翼而飞了……

警长哈尔根听完沙娜小姐的叙述，又去看望已经醒过来的女招待员，请她把刚才的情况说一遍。

头部受了些伤的女招待员吃力地说：“刚才，我按沙娜小姐的吩咐，端来了一杯热牛奶。可是我刚进房门，猛觉得身后有一阵风，没等我反应过来，就见身后蹿出一个男人猛地朝我头上打了一拳，我一下子被打倒在地，在昏昏沉沉中，好像看到他拿了一只手提包逃走了。”

警长问：“那人长得怎么样？”

“我没看清。”

警长没问下去，走到床头柜前，端起那杯热牛奶说：“沙娜小姐，您还没喝牛奶呢。”

“呀，对了，您不说我都忘了。”

女招待殷勤地说：“凉了吧，小姐，我去替您热热。”

警长嘲讽地说：“招待员小姐，别再演戏了，快交出你的同伙吧！”

女招待员的脸变得更加惨白了：“警长先生，您这是什么意思？”

警长冷笑了一声，说出了自己发现的破绽，女招待员张口结舌，无法自圆其说了。在警长的追问下，女招待员只得交出了同伙及那只装满贵重首饰的手提包。你知道警长是怎么判断出女招待员是在说谎吗？

我是答案

无法自圆其说的女招待员

根据女招待员说，刚进房门，她身后蹿出一个男人，朝她头上打了一拳，她倒在了门口。可是，这杯满满的牛奶非但没有洒在地上，反而好端端地被放在了床头柜上，这不是一个奇迹吗？

原来，刚才她走进屋，将牛奶放在床头柜上后，顺手将手提包拿到门口，交给了她勾结的那个盗贼，然后施了苦肉计——故意让那盗贼打了一拳。

一位中学教师的证词

名探霍勃到某避暑胜地，准备租一处寓所疗养。房产经理人带他去看一栋古典式砖木结构小楼，热情地介绍着：“窗户是合页式的，窗外另有三个晒台俯视美丽的大花园。此外，还有一个美丽的女鬼做伴。”

“真的有鬼吗?”霍勃边问，边推开卧室的窗户，朝二楼下的水

泥晒台张望着。

“这原本是詹尼娜·戈德的房子。”经理人解释道，“1998年3月28日，她就是从这个窗户被人推下去，摔死在楼下晒台上。起初，警察认为她是自杀，或是不慎失足。后来警察发觉，她的尸体被发现时，楼上卧室的窗户是关闭的。”

“她的丈夫亨利·戈德承认窗户是他关的。那时天气正冷。他坚持自己并不知道妻子倒毙于窗下晒台上。当然，他被判了无期徒刑。”

“你说什么?谁是证人?”霍勃问道。

“比尔，一位中学教师看见了一切。他在法庭上作证，说他看见亨利·戈德拉开窗户，将可怜的詹尼娜头朝下抛下。”

霍勃听完，抿嘴陷入沉思。第二天他打电话给经理人：“我决定不租这座房子避暑了，但我期待着房东戈德先生无罪获释。”

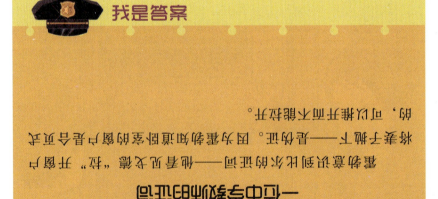

霍勃为什么这样说?

我是答案

一位中学教师的证词

霍勃意识到比尔的证词——他看见戈德“拉”开窗户将妻子抛下——是伪证。因为霍勃知道卧室的窗户是合页式的，可以推开而不能拉开。

说谎的报案者

一天早上七点半，刑警队队长李明在办公室刚坐下，有一个人气喘吁吁地跑来报案。他说：“警官，我是个单身汉，一个月以前，我因公出差，今日才回来。到家里一看，发现门被盗贼给撬了。”

李明赶到那报案者的住所，只见门锁被撬坏，两箱衣物被扔在地上，墙上的一只旧挂钟还在走着。

李明认真审视了现场，断定报案者在说谎。他是怎样做出这样的判断的?

我是答案

说谎的报案者

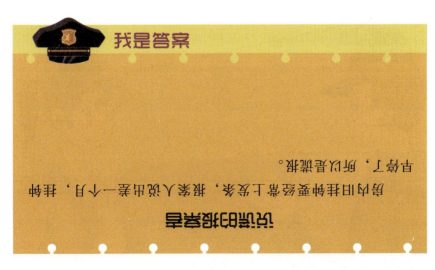

房内旧挂钟要经常上发条，报案人说出差一个月，挂钟早停了，所以是谎报。

伯顿夫人家的谋杀案

电话铃声一连响了四次，侦探康纳德·史留斯才意识到自己不是在做梦。他睁开眼，看了看表，时间已是凌晨3点30分。

“哈喽!”他拿起话筒说道。

“你是史留斯先生吗?”一个女人问道。

“正是。”

“我叫艾丽斯·伯顿。请赶快来。有人杀害了我的丈夫。”

史留斯记下了她的住址，把电话挂上。外面寒风刺骨，简直要冻死人，史留斯出门也得多穿衣服，自然就比平日多花费了一点时间。他听到门外呼呼的风声，于是在脖子上围了两条围巾。

40分钟以后，他到了伯顿夫人的家。她正在门房里等着他。史留斯一到，她就开了门。在这暖和的房子里，史留斯摘下了围巾、手套、帽子，脱下外套。

伯顿夫人穿着睡衣、拖鞋，连头发也没梳。

“我丈夫在楼上。”她说。

“出了什么事?”史留斯问。.

“我和丈夫是在夜里11点45分睡的。也不知怎么的，我在3点25分就醒了。听丈夫没有一点声息，才发觉他已经死了，他是被人杀死的。”她说。

“那你后来干了什么。”史留斯问。

“我便下楼来给你打电话，那时我还看见那扇窗户大开着。”她用手指了指那扇还开着的窗户。猛烈的寒风直往里灌，史留斯走过去，关上了窗户。

“你在撒谎，让警察来吧!”史留斯说道，“在他们到达这里之前，你或许乐意把真相告诉我吧?”

史留斯为什么要这样说，他的根据是什么?

我是答案

伯顿夫人家的谋杀案

伯顿夫人的话是有很大的破绽的：

因为史留斯一进伯顿夫人的家，觉得很暖和，所以脱下外套，摘掉帽子、手套和围巾，而那天室外很冷，寒风呼啸，如果按伯顿夫人的说法，这窗打开至少已有45分钟，那么房间里的温度应该是很低的。这一点足以说明那扇窗户刚打开不久。所以，史留斯先生不相信伯顿夫人的话。

片山警长看出的破绽

小林光一因妻子患了一种原因不明的神经官能症而与其分居。当然，他很快就有了年轻的情妇。她叫美子，是个颇有魅力的女招待。

为了达到快点儿和小林光一结婚的目的，美子想怂恿他干掉他妻子。

一天，美子好像忽然想起了什么似的突然说道："听说去年年底你妻子自杀未遂。"

"噢，她得了神经病，服了安眠药想自杀。"

"有遗书吗?"

"有一封支离破碎、潦潦草草的遗书。至今我还保存着。"

"那好，可以再利用一次那份遗书啊。这次就请她真的自杀吧。"她神秘地一笑，逼着小林光一下决心。

于是，下一个星期六的深夜，小林光一在家里亲自煮了咖啡送到妻子跟前。患失眠症的妻子正在看电视节目。

她没有怀疑丈夫为何突然反常地温柔，高兴地把咖啡喝了下去。不一会儿，就痛苦地手抓胸口，挣扎了一阵子便断了气。

原来，小林光一在咖啡里放了剧毒的农药。之后，他把妻子的尸体搬进卧室的床上，盖好被子，让她静静躺着，然后把装掺有农药的咖啡的那个白色杯子放到妻子的枕边儿。接着，他又去梳妆台里取来化妆品，在妻子那憔悴的脸上抹上白粉，再擦上口红。一副漂亮的淡妆。这是因为他想起上次妻子自杀时曾认真地化过妆。

第二天早晨，他又装作刚刚发现妻子自杀的样子，打电话报了警。

警车很快就来了，片山警长认真查看尸体后，拿起枕边儿的咖啡杯问道：“她喝了掺有农药的咖啡。农药是从哪儿搞到的?”

“妻子的娘家是农民。我想是她回娘家时弄到的。”

“有遗书吗?”

“有，在枕头下面。”

小林光一把保存下来的遗书拿出来给人看。因是妻子的笔迹，不用担心被怀疑。

片山警长读了遗书，想了一会儿，突然又拿起咖啡杯，看了看死者的脸。看了好半天之后说：“死者不是自杀，是他杀。”说着，用怀疑的目光盯着小林光一。

片山警长到底看出了什么破绽呢?

我是答案

片山警长看出的破绽

白色咖啡杯的杯口上没有死者的口红痕迹，因而引起了片山警长的怀疑。

如果小林光一的妻子是化妆后喝下掺有农药的咖啡自杀的话，那么杯口上一定会留下口红的痕迹。小林光一在毒死妻子以后，才给妻子化的妆。当时他忘了给咖啡杯上也抹点口红。

故事中的破绽

黄昏，查克警官为调查一宗杀人案，来到了小渔港，并很快找到了一艘小帆船的主人——叼着雪茄烟的朗尼。

“我是查克警官，可以和你谈几分钟吗?”

“当然可以。你想知道些什么呢?”

“关于罗宾汉的事。他在下午被人谋杀了!”

朗尼惊讶得张大嘴巴，竟忘了他是叼着雪茄烟的：“这……这不可能!我今天早上还同罗宾汉聊过超级市场的烟价。”

“这就是我来找你的原因。请问，下午2点至4点，你在哪里?”

“今天是一个晴天，所以一吃过午饭我便扬帆出港了。但到下午2时，风突然间停下来，我的帆船便不能动了。唉!”

“那你的船上没装发动机，也没有发报机?”查克警官问。

“是的，于是我在白毛巾上写了‘救命’二字，挂在帆上。”

“有人看到你的呼救信号吗?”

“我真幸运。在两个钟头后，有艘摩托艇驶来。驾手说他在3公里外便看到了我的求救信号，并将我的船拉回了渔港。好人啊，我真该谢谢他的救命之恩。”朗尼说到这，很是动情。

“的确是好人。那驾手的姓名与船名可告诉我吗?”

“对不起，我忘了问，也没留意船名，只知道它是红色的。”

“小伙子，你很有编故事的才能，应该去当小说家。”查克警官佯笑着，旋即冷峻地逼视着朗尼，“只可惜，你刚才编的故事有破

绽，无意中露出了马脚。跟我去警察局走一趟吧!”

请问，朗尼的话中破绽在什么地方?

我是答案

故事中的破绽

海面上没有风，白毛巾不会展开，任何人都不会看到上面写的呼救信号。经审讯，朗尼果真是凶手。

他的死因是什么

某犯罪集团的骨干分子张某，正当公安部门发布通缉令之际，突然在一个雨天触电身亡了。究竟是意外事故，还是自杀?他杀?老刑警队员王勇奉命侦破此案。

这天，晨曦初露，王勇带着助手小梁来到了死者现场。这里是一座破仓库，死者就倒在这座破仓库前的泥地上，面部无明显特征，穿一身极普通的工作服，上面沾满泥浆，脚上是一双新皮鞋，鞋底的花纹清晰可辨。他仰面朝天，手心朝上，手指搭在一根因失修而垂下的断电线上，头部有一处伤痕，旁边的石头上还有血迹……

小梁知道，老王在观察分析后便要考查自己是如何判断案情的，因此观察死者现场就特别仔细认真。他看到，老王在察看了死者那只搭在电线断头上的手之后，便开始专心研究起死者的服饰打扮来。老王看来尤其对死者脚上的那双皮鞋感兴趣，他蠕动着嘴唇，在细加玩味似的。小梁也探身过去观察了一会，心想，不就是那双新皮鞋吗，这上面会有什么大文章可作?死因是一目了然的了。

“小梁，他的死因是什么?”老王问。

“老王，这不是明摆着的吗?从现场情况看，死者是因道路泥泞打滑，摔倒后，头部撞在石头上，手指触电身亡的。”

小梁说完后，王勇没有吱声，他在凝神思考。过了一会，才说：死者是被凶手杀害后弄到此处，而且故意弄脏了衣服，制造了这么个假现场。看来，他们是想杀人灭口!”

接下来，他分析了自己的判断。事后证实，事情的原委果然如他所推测的一样，你知道王勇是凭什么判断这是凶犯制造的假现场吗？

我是答案

他的死因是什么

他看到了死者脚上穿着新皮鞋，鞋底的花纹清晰可辨。这说明死者并没有穿着新皮鞋在泥地上行走，这也就不存在死者在泥地上滑倒摔伤的可能了。第二，死者的手指搭在电线的断头上，仿佛在告诉人们，此人是触电而亡。而假象的制作者恰恰忘了一点：人的手指背触电是不会致死的，因为指背一触电，手的筋会向里收缩，即可脱离电线。所以，由此推断，这是凶犯制造的假现场。

一个沾满鲜血的手印

一天夜里，在一所公寓里发生了一起杀人案。一个孤身生活的妇女在3楼的房间里被人用刀刺死。卧室的墙壁上清晰地印着一个沾满鲜血的手印。大概是凶手逃跑时不留神将沾满鲜血的右手按到了墙壁上吧。5个手指头正面的指纹都很清晰，这就是有力的证据。

当刑警用放大镜观察手印时，一个站在走廊口、嘴里叼着大烟

斗、弯腰驼背的老头儿在那里哧哧地笑着。

“刑警先生，那手指印是假的，是罪犯为了蒙骗警察，故意弄个假手印，沾上被害人的鲜血，像盖图章一样摁到墙上后逃走的。请不要上当!”老人好像知道实情似的说道。

刑警们吃惊地反问道：“你怎么知道手印是假的呢?”

“你如果认为我在说谎，你自己把右手的手掌往墙上按个手印试试看。”

原来，这个老人是一个著名的侦探。

你知道老侦探是根据什么看出了墙上是假手印的吗?

我是答案

一个沾满鲜血的手印

老人看到5个指头的指纹全部是正面紧紧地贴在墙上的情形才觉得奇怪的。因为手掌贴到墙上时，拇指与其他4个指头不同，侧面对着4个手指。所以，拇指的指纹不应紧紧地全贴在墙上印出来。

安格莉卡的话里露出的破绽

稽查长阿尔夫和副警官米夏埃尔开车来到一座公寓前。他们要找一个名叫安格莉卡的人。

开门的正是安格莉卡。她将两人让进屋说：“两位先生有何贵干?”

“太太，您认识一个叫哈里希的人吗?”

“哈里希?我从未听说过。”

“我们刚从拘留所来，他说认识您。”

安格莉卡很镇定地抽了口烟，说道：“我真恨不能将你们从窗子扔出去!”

阿尔夫用手指着她说：“哈里希从银行抢走了19万马克。警察行动很快，24小时之后，就将他抓获了。我们和他长谈后，他已说出将钱给了谁了。”

“我不认识哈里希，对银行抢劫案也不感兴趣!”

“荒唐!那为什么哈里希说，他将钱给了你呢?”米夏埃尔插嘴说。

安格莉卡跳了起来：“我要控告你们!……”

“完全相反，太太。哈里希究竟是什么时候把钱给了你，你又将钱藏在什么地方了?”

安格莉卡气得大叫道：“我要说多少遍，我根本就不认识什么路德维希·哈里希!”

“你真不认识?”

“对，不认识!”

阿尔夫生气地从口袋里抽出一张纸，说道：“就这样吧……你被逮捕了。很遗憾，太太，你刚才犯了个错误……”

请问，安格莉卡的话里露出了什么破绽呢?

我是答案

安格莉卡的话里露出的破绽

那位太太一再声称，她不认识哈里希，但她却知道哈里希的全名是“路德维希·哈里希”，很显然，她是认识此人的。

不成功的伪装自杀现场

明后天财务审计的日子就要到了，为了不使自己侵吞公款的事败露，正夫决定，今天晚上就要把他的同事山田干掉。正夫觉得，只有设法将贪污的罪名嫁祸给山田，干掉他再伪装成自杀，才能保全自己，除此之外别无他法。

正夫赶到山田的一间单身公寓。此时，山田正一个人坐在饭厅里喝着白兰地看着电视。

山田从碗橱里拿出一只新酒杯，很大方地给正夫倒上一杯，接着又要往自己还剩有大半杯酒的杯子里倒，赶巧瓶子空了，他便又从碗

橱里拿了一瓶。

趁这工夫，正夫迅速将氰化钾投进他的酒杯里。毫无察觉的山田，打开瓶盖往自己的杯子里又倒了一点酒。

“干杯!”他们一起喝了起来。山田只喝了一口，刚放下酒杯，便突然手抓胸口，一头栽倒在桌子上。当然，这是毒药奏效了。因倒在桌子上的时候，他的手碰倒了那只空白兰地瓶子，瓶子落在地板上摔碎了。

正夫见他确实死了，便马上到厨房将自己用过的杯子用水冲洗干净，放到碗橱里，桌子上只留下山田的酒杯和刚开过盖的那瓶白兰地。他把摔碎的酒瓶用塑料袋装起来带回家去。

这样一来，新开的酒瓶和喝剩下的酒杯上就只留下了山田的指纹，即使没有遗书，也会被认为是因害怕贪污事件败露而服毒自杀的。

正夫和来时一样，没撞见任何人，便悄悄离去。当然，他也没有留下任何指纹，甚至连装毒药的小瓶，他也印上了山田的指纹，装到了山田的上衣口袋里。

可是，第二天山田的尸体被发现时，警方却根据桌子上酒杯里的白兰地，认为是他杀，并开始立案侦查。

那酒杯里的白兰地明明是从山田自己开的酒瓶里倒的，怎么会成了他杀的证据呢?正夫到底什么地方疏忽了呢?

我是答案

不成功的伪装自杀现场

正夫把摔碎的酒瓶带回家里是一个疏忽。

山田往自己还剩大半杯酒的杯子里又倒了一点儿刚开封的那瓶酒，并且只喝了一口就死了。因此，酒杯里所剩的白兰地的量要比酒瓶里倒出的量多出许多，所以警察认定是伪装自杀。况且，现场又没有另外的空酒瓶，因此警察推定空瓶是被凶手转移了，从而断定是他杀。

马休就是凶手

在一座大厦的第23层，哈利牙医开了一间诊所。一天下午，他正在为霍尔小姐提取右下齿蜡模，他们身后的门悄悄地开了一条缝，“啪、啪!”两声枪响，霍尔小姐倒在椅子里，饮弹毙命。

一位电梯工在案发前不久曾送过一个神色紧张的男子上23层。根据他描述，警方断定那人是不久前假释的马休。

马休被传唤到警署，经询问，他说从未听说过哈利医生，在案发那天的整个下午他都在寓所睡觉。警官追问：“电梯工却说在案发前不久曾送过一个相貌特征与你相同的人上23层，这您又做何解释?”

“那不是我!”马休怒吼道，“自从假释后，我根本就没去过牙医诊所。那个哈利，我敢打赌他从未见过我。那么，你还有什么可以做证明的呢?”

一直在旁静听着的名探亨特突然厉声打断他：“这就足以送你回监狱了!”

亨特凭什么推断凶手是马休?

我是答案

马休就是凶手

虽然马休自称从未听说过哈利医生，但他却知道他是个牙医，因此，亨特断定凶手就是马休。

把麻醉毒气注入室内的“高招”

惯盗野郎展开文物馆的地形图对手下的人说：“这次的活儿，是潜入本市文物馆盗窃馆内的文物。可是，那里警备森严，是很难进去的。正门和后门都设有监视岗哨，常有数名保安人员值班监视。文物馆周围都拉着高压电网，翻墙进入是不可能的，只能从监视岗哨前面进去。问题是如何躲过保安人员，你们有什么好主意?”

“头儿!我有个好办法。”说话的是个独眼龙。

“什么办法?”

“在下雨的晚上，保安人员都会偷

懒挤进监视室，关上门躲雨，通过窗户监视外面。那监视室的墙上有个换气扇，如果把那换气扇的扇叶倒过来安装，再开换气扇时就会把外面的空气吸进室内。我们把麻醉毒气注入室内，保安人员就会因吸入毒气而昏睡，趁此机会我们就可以自由出入文物馆了。”

“可是，你怎么改装换气扇呢?”

“事先，我们从远处用来福枪击坏换气扇。那样，保安人员就会请附近修理店的人去修理。我们可以买通修理店，或者化装成修理工去上门修理。”独眼龙得意地说着，其他人也对这个主意表示赞同。

“真蠢!即使这样做了，怎么可能让保安人员昏睡呢?”野郎表示反对。

那么，野郎为什么这样说呢?

我是答案

把麻醉毒气注入室内的“高招”

即使将扇叶倒过来安装，外面的空气也不可能进入室内。

换气扇的作用就在于将室内的混浊空气排出室内。即使将扇叶倒过来安装，外面的空气也不可能进入室内。因为翻过来调过去，扇叶的旋转角度还是相同的，照样还是将室内空气排出室外。要从外面往室内注入毒气，就必须改变换气扇叶的旋转方向。

兜售古董的导游员

埃及的观光导游员，悄悄地向游客展示一个古老的坛子，花言巧语地兜售说：“这是从古埃及大王拉美西斯二世的金字塔中盗出来的，虽然有些轻微的破损，但仍是难得的稀世珍品。坛子上刻的象形文字意思是：‘受阿门爱的人’，这就是拉美西斯二世的雅号。他是公元前1237年至1304年在位67年的伟大国王。属于他的坛子，当然是稀世珍品，买了绝不会吃亏。”

假如你是个富翁，你会买吗？

我是答案

兜售古董的导游员

还是不买好。

这个观光导游员说“拉美西斯二世从公元前1237年到公元前1304年在位”，而公元前的年数是应减数计算的。连这点起码的常识都没有的观光导游员的东西，一看就是假的。

排除假象取情报

英国间谍杰克奉总部之命，潜入某国新建成的导弹发射基地搜集情报，住在离基地不远的山区的一家小旅馆里。经过几次活动，基地的亚当斯上校决定向杰克出卖基地的秘密资料。一天上午，亚当斯和杰克约好，在当天晚上7点，杰克带50万美金到亚当斯那儿去，一手交钱，一手交货。晚上7点，杰克开车来到了亚当斯上校的住处。杰克按

了几下门铃，没有动静，心里有些急了，就用手敲门，门虚掩着，一敲就开了。屋里亮着灯，却没有人。杰克走到里屋一看，惊呆了，只见亚当斯趴在地毯上，正艰难地翻过身来。

杰克把他扶到沙发上时，发现他的身下有一块毛巾，一股麻醉剂的气味扑鼻而来。

亚当斯慢慢地睁开了眼睛，对杰克说：“一个小时以前，我在看电视的时候，有人按门铃，我以为是你，我说了声请进，门没锁，谁知进来了两个陌生人，我连忙关掉了电视机，他们向我要基地图纸，我说没有，他们就用毛巾捂住我的嘴和鼻子，不一会儿，我就失去了知觉。我把资料都放在沙发下面，你去看看还在不在?”

杰克找了半天没找到，仔细观察了屋里的每个角落，又用手摸了摸电视机的后盖，摸完后问亚当斯：“您刚才看的就是这台电视机吗?”

“是的，我就这么一台电视机。”

杰克冷笑说：“别再演戏了。我知道你现在后悔了，但我希望还是继续和我合作下去，否则后果由您一个人承担，至于什么样的后果，我想不用我多说吧!”然后他说出了亚当斯上校的破绽。亚当斯上校只好交出基地平面图。杰克发现了什么破绽呢?

我是答案

排除假象取情报

亚当斯说把图纸放在沙发下面，那两个陌生人一定会四处寻找，把屋里翻得很乱，但是杰克发现屋里却并没有被翻过的迹象。还有，亚当斯说那两个陌生人来的时候就把电视机关掉了，可那件事发生在一个小时以前，电视机应该早已散热完毕，可是到现在电视机还有微热。所以，他断定这是亚当斯上校设下的骗局。

作弊的证据

一天，小侦探勒鲁瓦到奥哈拉先生的冷饮店里去吃冰淇淋。碰到了一个少年在玻璃柜台上转鸡蛋。少年稍一使劲，那只鸡蛋就像陀螺一般，转个不停。奥哈拉先生正忙着营业，手中的玻璃杯不慎碰到那个转着的鸡蛋。鸡蛋掉在地上就碎了，少年似乎并不在乎，说："明天比赛的鸡蛋是另有安排的。"说着就走了。此时勒鲁瓦吃完冰淇淋离开了冷饮店，他出门时，看见奥哈拉先生正拿着扫帚去打扫那打碎的鸡蛋。

勒鲁瓦回到家里，他的好朋友朱迪已等候多时了。朱迪是个牙齿收藏爱好者，他一见到勒鲁瓦，就可怜巴巴地说道："我的牙齿要保不住了。"原来城里的少年们组织了一种转鸡蛋的比赛，有个叫费伦的孩子对此行特别精通，把小侦探的一些亲密伙伴的玩具都赢走了，明天就要轮到同朱迪比赛，朱迪眼看他珍藏的牙齿要保不住了，就来求助于小侦探。小侦探勒鲁瓦问："费伦的本领真的比所有人都强吗?"

"不见得!"

"那么他的鸡蛋特别吗?"

"不，鸡蛋都是从超级市场买来的，譬如说今天每人买了蛋都标上记号，回去练习，明天比赛，他的蛋也不比我的好。"

"那肯定有作弊现象，明天比赛时我去看看。"

第二天，比赛在评委们的严密监督下隆重地举行了。小侦探勒鲁瓦发现那个叫费伦的孩子就是他在奥哈拉先生的冷饮店见过的那个人。他转蛋的本领果然不凡，朱迪转的蛋停下了好久，费伦转的蛋还在不停地旋转，眼看朱迪收藏的牙齿要输给他了。

费伦的蛋终于也停止转动了，勒鲁瓦装作不经意地走过去，一脚将那只蛋踩在脚下。全场震惊了，评委们走了过来，费伦更是气急败坏地上前要和勒鲁瓦打架。勒鲁瓦大声说：“费伦转鸡蛋作弊!他转的是煮熟了的蛋，因为熟蛋比生蛋容易转动。现在我脚下踩着的也是一只熟蛋。”说着他抽出了脚，那里果然是只踩碎了的熟鸡蛋。

评委们严肃地问：“你怎么知道的?”

是啊，他是怎么知道的?

我是答案

作弊的证据

昨天勒鲁瓦看见费伦在练习转鸡蛋，那只蛋掉在地上，冷饮店的老板在清扫时不用抹布，而用扫帚，所以，他断定那是只煮熟了的鸡蛋。

雷利的破绽在哪里

“是雷利先生吗？我是伦敦警察厅的蒙哥马利上校。今天可给你带来了坏消息——你姐夫被谋杀了。”

“啊，上帝！”电话的另一端传来说话声，“昨天我还见过麦克，真不敢相信这是真的。你肯定被杀害的是他吗？”

“经过鉴定，证明的确是他，雷利先生。我想立即到你家去同你研究一下，究竟谁有杀害麦克的动机。”

大约一小时以后，蒙哥马利上校坐在了雷利的客厅里。

“谁都知道，麦克有敌人。”蒙哥马利刚坐下来，雷利马上就开口说，“他的合作伙伴史密斯指控他挪用生意上的款子，他们为此发生过激烈争吵。此外，还有我二姐夫琼斯，他怀疑麦克同二姐有过暧昧关系，两人曾经因此大打出手。另外，可能杀害麦克的是我三姐夫比尔。比尔仇恨麦克，这一点我早有所闻。我可以把他的地址告诉你，但你得答应不向他透露是我向你提供的情况。”

“不必了，雷利先生：根据你刚才提供的线索，我敢肯定的是，谋杀麦克的不是别人，正是你！”

雷利的破绽在哪里呢？

我是答案

雷利的破绽在哪里

雷利这番话的破绽是很明显的，蒙哥马利上校事先并不知道雷利有三个姐夫，他是听了雷利的一番话后才知道这一点的。这时，蒙哥马利上校想：既然你有三个姐夫，而我又并未告诉你被谋杀的是哪一个，你怎么能脱口而出被谋杀的是麦克呢？这就是破绽！

谁是说谎者

英国货船“伊丽莎白”号，首次远航日本。清晨，货船进入日本领海，船长大卫刚起床便去布置进港事宜，将一枚钻石戒指遗忘在船长室里。

15分钟以后，他回到船长室时，发现那枚戒指不见了。船长立即把当时正在值班的大副、水手、旗手和厨师找来盘问，然而这几名船员都矢口否认进过船长室。

每个人都声称自己当时不在现场。

大副：“我因为摔坏了眼镜，回到房间里去换了一副，当时我肯定在自己的房间里。”

水手：“当时我正忙着打捞救生圈。”

旗手：“我把旗挂倒了，当时我正在把旗子重新挂好。”

厨师：“当时我正修理电冰箱。”

“难道戒指飞了？”聪明的大卫根据他们各自的陈述和相互作证的情况，略一思索，便找出了说谎者，事实证明这个说谎者就是罪犯。

你能猜出谁是罪犯吗?

我是答案

谁是说谎者

大副、水手、旗手、厨师四个人的话中，很明显，旗手的话是有破绽的，他说“我把旗子挂倒了，当时我正在把旗子重新挂好。”我们知道，英国的船只驶入日本领海，无论是挂日本旗还是挂英国旗，都不存在挂倒的问题。所以旗手是说谎者，他就是罪犯。

水井里的一具尸体

一户人家，有夫妇两人。一天男人外出，当夜未归。女人忧心忡忡，次日倚门而待。望眼欲穿，男人又是未归。第三天，女人红肿着双眼，痴等丈夫归来，结果还是不见人影。就这样又过了几天，忽然有人传报："你家菜园的水井里有一具尸体!"

女人听了，全身像筛糠似的颤抖着，匆匆跑到井边向下看，果然隐隐约约见一具漂浮在水面上的男尸。女人看罢，便号啕大哭起来，一边哭，一边叫："我的亲人啊!"一边还将头往井栏圈上撞，还想往井里跳。左邻右舍看着于心不忍，纷纷动手将她拦腰抱住。

当即，几个好心人劝住女人，一起去官府报案。润州知府张呆卿听罢女人的哀哀哭诉，好言安抚她说："务请节哀。到底是自杀，还是他杀，本官自会破案。"

邻舍说："他们夫妻十分恩爱，这个女人又向来贤惠、本分，男人绝不会自杀的。"

女人听罢越发悲痛欲绝，竟悲伤得晕了过去。张呆卿令左右用冷水将她擦醒，又好言劝慰道："你要相信本官一定会替你做主，把案子弄个水落石出的。"说完，当即吩咐备轿上路，径直到案发现场去。

到了菜园，张呆卿叫女人和邻居们都围拢在井旁，向下面细细端详。过了许久，张呆卿问道："尸体是不是这位女人的丈夫啊?"

女人大哭道："是啊是啊!大人一定要替奴家做主啊!"

张呆卿说："你不必悲痛。请问大家，你们看是不是她丈夫呢?"

众人再看井里，复又面面相觑。有人说：“水井这么深，实在难以辨认清楚。”

另一个人说：“请大人让我们把尸体捞出来辨认吧。”

张呆卿笑道：“现在先不必忙，当然以后总要装棺入殓的。”说完，对女人大喝一声道：“好个刁猾的淫妇!你勾结奸夫谋杀了亲夫，还装出悲恸的样子来蒙骗本官吗?”

在场的众人如同听到炸雷，一个个都愣了。唯独那女人重新又痛哭起来，边哭还边叫喊道：“张大人，您可不要血口喷人哪!”

邻居也纷纷为她求情：“大人，我们平时看她规规矩矩，对丈夫体贴照顾，从没见她与不三不四的男人有勾搭行为。”

张呆卿面对众人，不慌不忙地说出了自己的证据，众人一个个噤若寒蝉，不能作答，那女人顿时收住眼泪，面色变得惨白。

张呆卿吩咐差役将女人收押。经过审讯，果然是女人同奸夫合谋杀死了亲夫。

你知道张呆卿有什么证据吗?

我是答案

水井里的一具尸体

张呆卿发现，这么深的水井，大家都认为井下的尸体是无法确认的，独独这妇人就认定是自己的丈夫，除了说明她早就知道这件命案外，再没有什么更合理的解释了。

珍妮小姐家的“盗窃案”

某天晚上，萨勒·赫尔忽然听见邻居珍妮小姐的呼救声：“救命!救命——站住，小偷!我被盗啦——”萨勒·赫尔马上冲出房间。这时，其他的邻居也一齐冲了出来。大家见珍妮小姐正在走廊里乱撞，嘴里大声嚷着。她的灰色的头发湿漉漉的，蓝色的毛巾浴衣下露出的双踝上还滴着水珠。

萨勒关切地问：“珍妮小姐，到底发生了什么事啦?”

珍妮小姐哭诉道：“啊，太可怕了——那张该死的脸!他抢走了我的‘毕加索’——可能还有别的东西，我还没来得及清点。”

邻居们知道，珍妮小姐在艺术品收藏上花了一大笔钱，所以很替她惋惜。

萨勒让珍妮小姐讲详细一些。

珍妮继续哭诉道：“天啊，要是我不让卧室的窗户开着多好啊!我从不那样做，可这次——噢，他的脸!我当时正在浴室里淋热水浴——所以没听到他的动静——门窗都关得紧紧的。我关上水龙头，走出浴池，穿上浴衣。我站在浴室门前，刚要刷牙，门被撞开了，他在那儿!当时我吓呆了，转不过身来，可我在镜子里看到了他那张肥大、通红、粗糙的脸。他竟然咧嘴笑了——嘴里只有几颗牙齿，可笑容太狰狞可怕了。我以为他要杀了我!可他只是咧了咧嘴，随手用力关上门，门关得紧紧的，我花了一两分钟才把门推开。一出浴室，就看到墙上那幅毕加索的画不见了。”

“珍妮小姐，请到我的房间里来，瞧瞧我们能干些什么。”萨勒

说着，扶着哭哭啼啼的女人进了自己的房间。

门一关上，她把珍妮小姐让到一张椅子上，说：“现在，打起精神来，和我说点实在的吧。如果你需要钱，干吗不把那幅画卖了?或许你是想等到领取了保险金之后，再和你的同伙卖掉它吧?”

珍妮小姐愣了一下，生气地问萨勒：“你凭什么怀疑我的话?”

萨勒笑道：“因为你的话中有破绽。”

你知道破绽在哪吗?

我是答案

珍妮小姐家的“盗窃案”

按珍妮小姐自己的叙述，当时她正在洗浴，而且门窗关得紧紧的，在这种情况下，浴室里的镜子一定被蒙上一层重重的水蒸气，怎么有可能看到“罪犯”那张肥大、通红、粗糙的脸和“他的笑容”及“嘴里只有几颗牙齿”呢？

伍德被害之谜

“谢谢您把我捎进城，亨特先生。”赛温克搭名探亨特的车子进城，请求他在伍德家门口停两分钟。赛温克说：“我需要用他上星期借去的扳手。”

亨特的车子还没停稳，赛温克就跳下车，说了声：“请等我一下。”径直向伍德的大房子跑去。他穿过草坪，从四级台阶旁跃上门廊，急急地按响了门铃。

没有人来开门。赛温克就走到窗口，一边敲着玻璃，一边喊：“伍德，伍德!”

突然，他跳下台阶大叫：“亨特先生，伍德他……他倒在小树丛后面!”

伍德的尸体躺在门廊左边的一排木芙蓉树后面，离红砖墙4英尺远，一架6英尺高的木梯压在他身上，一罐白油漆倾倒在他的工作鞋上。

“脖子摔断了，”亨特说，“大约是在6小时以前。”

这位名探摸了摸离伍德右手不远的油漆刷上的鬃毛，“还很黏手。”他思忖着。

他又走向门廊，摸了一下白木支架、前门以及四级台阶和窗棂，“油漆还没干。”他心里已经有数了。

亨特转身对赛温克说：“伍德肯定是刚刚漆完了前廊就被杀害了，而这牵连到你!”

赛温克在哪儿露出了破绽?

我是答案

伍德被害之谜

赛温克挖空心思地想给亨特一个案发时不在现场的印象。但是他不敲门而敲窗户玻璃以及从台阶上跳下的行为已表明他知道门和台阶是刚刚漆过的。

古克涉嫌谋杀的理由

名探菲戈接到他的朋友古币收藏家汉斯的电话，说有一枚稀有的古金币要拿到市上拍卖，为了安全，请菲戈陪他一起去。菲戈下午如约赶到，不想呈现在眼前的竟是汉斯的尸体。他被钝器击中，死亡不到半小时。

菲戈翻转汉斯的尸体，发现上衣翻领上有一枚绿色三叶形的徽章，徽章后面，有一样东西闪闪发亮，正是那枚古金币，藏在徽章的夹层中。他将金币放回原位，又将尸体脸朝下翻回原状，若有所思地

凝视着死者身上外翻出来的衣兜。

当他在察看这位独居死者的厨房时，吉克走了进来，见状惊问是怎么回事。

菲戈从碗橱里取出一个茶叶罐，打开盖子，让吉克拿着，自己则边从罐中取茶叶，边说：“今天早上，你叔叔打电话叫我下午来陪他到市上拍卖一枚古金币。很显然，凶手抢在了我的前面。看来凶手是搜遍了尸体，但一无所获，因为你叔叔没有把金币放在衣兜里。”

菲戈停顿片刻，将一壶水放到炉子上说：“你替我把它拿出来吧，它就藏在叶子下面。”

吉克立即放下手中的茶叶罐，离开厨房。过了一会儿，他从他叔叔身上找到了金币。

菲戈厉声质问吉克：“你到底在这宗谋杀案中陷得多深?”

菲戈何以认定吉克涉嫌谋杀呢?

我是答案

吉克涉嫌谋杀的理由

吉克从他叔叔尸身上找金币的事实证明他涉嫌谋杀。假如他是无辜的，他对菲戈所说的“金币就埋在叶子下面”，就会理解为“叶子”指的是他手中的茶叶，而不会想到三叶形徽章，立刻去翻他叔叔的尸体。

子产哭声中辨奸

有一天，子产带着随从在街上漫步，忽听得从一户人家传出了一个女人恐惧的哭声，待他走到近处时，哭声越来越显得胆战心惊。他便对随从说："这妇人一定有亲人快要死了，你们快去看看。"

随从奉命前往那户人家查看，见一男子僵直地躺在床板上，一个女子正在痛哭。询问之后，知道那女人是死者的妻子。

子产听了随从的报告后似乎不信，问道："果真是那女人的丈夫死了？"

随从回答："已死了有一个时辰的光景。"

子产立即面露怒色："这就不近情理了。"

随从不解子产为何发怒。丈夫死了，妻子当然要哭，有何不合情理之处？

子产对随从说："快去叫仵作来验尸，那男子死得蹊跷！"

随从虽然不解子产之意，然而还是按照子产的意思办了。不一会，仵作就去那户人家验尸。

那女子被押来了。验尸结果说明，她丈夫果然在熟睡时被她用刀子捅死，有她行凶的刀子和血染的衣服为证。

那女子不得不在事实面前服罪，但她还不知是她的哭声泄露了"天机"。

当然若非遇到子产这样机敏干练的人，她或许是能够蒙混过去的。

你知道子产是怎样分析她的哭声的吗？

我是答案

子产哭声中辨奸

按人的常情，亲人有病则忧，临死则惧，既死则哀。他听了那妇人恐惧的哭声，以为她的亲人即将死亡，谁知她丈夫已死了一个多时辰，这很令子产怀疑，她为何要发出恐惧的哭声呢?她听到子产和随从的脚步声，恐惧的哭声更甚了，这终于让子产明白那男子是她害死的。她既要杀死丈夫，又怕外人议论，为了遮盖其杀人真相，又不得不哭。但哭声中不免流露出恐惧来，听到脚步声，愈加恐惧了。

“火眼金睛”的警长

在一个雪花飘飞的寒冷的中午，法国克拉蒙城“红玫瑰”夜总会的老板波克朗来到他年轻的情人玛特兰的住所。一进屋，波克朗不禁大吃一惊：只见玛特兰手脚被捆绑在床上。

“到底出了什么事?”波克朗急切地问，并边说边为自己的情人解开绳索。

“昨晚十时左右，一个蒙面歹徒闯进了我的房间，把我捆绑之后，将你存放在我这儿用假名字存的银行存折抢走了……”她一边哭一边说着，凄凄惨惨的，满脸悲伤的神色。

波克朗心里禁不住暗暗咒骂道：“这该死的蒙面强盗!”他环视着情人的房间，一切如旧，取暖的炉子上一把水壶仍在冒着袅袅热气。

波克朗拨通了警察局的电话，5分钟后，警长斐齐亚带着两名助手赶到了现场。

“房里的东西，你未动吗?波克朗先生?”警长首先问了一句。

“当然。保护现场，这我懂。”波克朗回答。

“那好，我告诉您，您的情人对您撒了谎，是她自己捆上手脚而谎称蒙面歹徒作的案。”“火眼金睛”的警长从现场发现了证据，于是说了这番肯定的话。

警长斐齐亚在现场发现了什么证据?

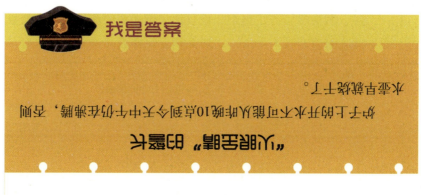

我是答案

“火眼金睛”的警长

炉子上的开水不可能从昨晚10点到今天中午仍在沸腾，否则水壶早就烧干了。

最近有人进来过的证据

潜伏C国的秘密谍报员左拉有半年没回国了。所以，一回到家，他就赶紧下到地下室。

地下室的秘密保险柜中，藏有密码本及谍报活动资金。

地板及桌子上，覆盖了一层厚厚的尘土，还同六个月前出发去C国时一样，破旧的电炉依旧摆放在那里。查看了一下保险柜里边，也没什么异常。他掸去桌子上的尘土，马上开始破译在C国搞到的密码。

正值隆冬，水泥建造的地下室里寒冷异常，他按动电炉的开关，电流一接通，裸露着的镍铬丝马上红了起来。

左拉叼着香烟，正要点燃，突然觉得不对头，便马上像捕获猎物味道的猎犬一样，微微抽动鼻子。

“一定是最近有人进来过，也绝非是一般的小偷小摸。来人十分小心，连地上的尘土中都未留下脚印，一定是敌方的间谍。大概从保险柜中取出密码本，用照相机偷拍了。

“当时，因为冷，开了电炉，而且离去前还用喷雾器将地上及桌子上留下痕迹的地方吹上尘土，一切都恢复原样后才逃走。但只有一处他忽略了，忘了吹上尘土，这是他的失误。”

左拉冲着看不见的对手，一个人自言自语地嘟囔道。

你知道左拉根据什么察觉到敌方的间谍进来过吗?

我是答案

最近有人进来过的证据

因为电炉上没有尘土烤焦的气味。

左拉在打开电炉时，发觉无尘土烤焦的气味，便意识到有敌人进来过。

因为地下室已有半年没人住了，到处是厚厚的尘土，所以裸露的镍铬丝上也是该落有尘土的。这样，当镍铬丝接通电流发红时，就会有尘土烤焦的气味。

贼喊捉贼的故事

已经很晚了，大侦探萨森·罗斯正在办公室里。有人给他拍来一份电报，电文如下："博物馆里一幅凡·高的画被盗，一友。"

萨森·罗斯看完电报，马上驱车赶到博物馆。他在大厅里看到空空的画框挂在那儿，画已经被盗走了。当时，他的身旁还站着两个人，一个是衣着讲究的管理员，另一个是穿着礼服的保管员。下面是他们的对话："我是警察局的。"萨森·罗斯说，"刚才接到通知，

说博物馆里一幅凡·高的画被盗。显然我是来晚了。你是管理员吗?”他问其中的一个女的。

“是的。”她回答，“几分钟之前，保管员通知我，说我们收藏的那张最贵重的画被盗走了。”

萨森·罗斯问保管员：“你是什么时候发现的呢?”

“10点钟之前。博物馆在7点钟关门，也就是说，我是在两个钟头之前关的门。照理是要到明天早上才开门的，可是我把一本书遗留在大厅里了。在没有人来参观时，我常常用看书来打发时间，今天我想把它看完，就决定回来取书，没想到画被盗走了。”

“在你关门之前，画还在吗?”

“当然在。因为关门之前我还给画掸尘呢，要是那时候画就没有了，我肯定会发现的。”

萨森·罗斯又问那个管理员：“你对这一切的看法怎样呢?”

“我想，是偷画的人自己给你拍的电报。可能他是故意要把水搅浑。据我所知，刑事案件里这种贼喊捉贼的事是屡见不鲜的。”

“你说得对。不过情况已经很明显了，偷画的是你们两个人当中的一个，而且我不想隐瞒，我知道你们当中谁与案件有牵连。”

大侦探萨森·罗斯怀疑的是谁呢?他的根据是什么?

我是答案

贼喊捉贼的故事

大侦探萨森·罗斯怀疑的是管理员，因为她的话是有破绽的。

萨森·罗斯在与管理员和保管员的谈话中，只字未提到电报。如果不是女保管员自己给大侦探打过电报，那她怎么知道有人给他打过电报呢?

抢劫案中的疑点

侦探维力斯一觉醒来，已经后半夜两点多了。他烧了一杯咖啡，刚要喝，电话铃响了。

“哈喽!”他问道，“哪里?”

“我是利马公寓。侦探先生，我们这里发生了一起抢劫案!”

“我马上到!”维力斯挂了电话，赶往出事地点。

公寓门口，打电话的人正在等候。“是这样的：我是这里的夜间值班人。一刻钟前，这楼里突然断电，我刚要出去察看一下原因，一伙人冲了进来。看见他们人很多，我忙躲到储藏室内。他们直奔外出不在家的卡玛先生和埃利尔先生的房间，撬开保险柜，偷走了卡玛先生的20万美钞和埃利尔先生的‘狂狮’牌金表……”

“这些罪犯有什么特征没有?”

“有，他们一共5个人，为首的一个好像是英国人，蓝眼睛，左脸上有块疤。”

“你真的看清楚了?”

“是的，因为他手里拿了一个手电筒，当他的手电光从门缝射进时，我借着手电光一眼就注意到了。”

维力斯冷冷一笑：“你说谎的本领并不高明!收起你这套贼喊捉贼

的鬼把戏吧!”

你知道维力斯侦探为何这样说吗?

我是答案

抢劫案中的疑点

既然是停电，报案人又说发案后就报案，怎知失窃的东西和具体钱数呢？手电射进门缝时他往外看，电光刺在眼上，是根本看不见什么的，所谓蓝眼睛和伤疤，纯属瞎编。由此可知罪犯必定是报案人。

可疑的搭车者

暑假里的一天，勒鲁瓦跟小伙伴一起在河边钓鱼。虽然他们坐在树荫下，但一天下来，仍热得汗流浃背。这时，戈麦斯局长下班乘车回家，特地绕到河边，将小侦探带回家去。

勒鲁瓦一钻进有空调装置的汽车，顿时觉得凉爽许多。就在这时，汽车里的报话机响了，是警察局刑警队长打给戈麦斯局长的，说是刚才市中心银行被抢，匪徒乘着蓝色的汽车，沿着高速公路朝北跑了。

戈麦斯局长接到电话后立即将车开上高速公路，并通过报话机向部属发布命令，要他们四处堵截可疑的蓝色车辆。

尽管做了这样的布置，要在高速公路上追捕一辆可疑的车辆谈何容易，尤其是高速公路朝北不远就有一个岔道，谁知匪徒朝哪个方向逃跑呢?除非有目击者能够指引一下方向。

在岔道口正巧有个青年，他要求搭乘戈麦斯局长的汽车，局长为了查问，就让他坐了上来。

“你在这里站了多少时间?”

“足有一个多小时，这么高的气温，可把我热坏了!”

“你看见一辆蓝色汽车吗?”

“看见了，朝东开去了。”

戈麦斯局长忙驱车向东开去，那搭乘的青年从背包里拿出一个橘子和一块巧克力，问坐在旁边的勒鲁瓦：“你吃哪一样?”

勒鲁瓦向前边驾驶座上的爸爸问道：“爸爸，我可以吃陌生人的东西吗?”

爸爸说：“今天看来吃不成晚饭了，你就吃一点充一下饥吧。”

勒鲁瓦要了一块巧克力，用力一掰，巧克力发出“咔嚓”清脆的响声，他将半块丢进嘴里，像是在品味巧克力的美味，实际上他脑子在飞快旋转、思索着。他拿出笔来，在巧克力的包装纸上写了一行字，又包起另半块巧克力递给前座的戈麦斯局长：“爸爸，你也吃点巧克力吧!”

局长接过巧克力，见包装纸上写着：“这个青年人不老实，他是强盗的同伙吧，站在岔路口想故意把我们引入歧途……”

你知道勒鲁瓦为什么这样判断吗？

我是答案

可疑的搭车者

青年人说，他在这里已经等了一个小时了，在气温这么高的情况下，巧克力在他的衣袋里居然没有化，证明他在说谎。所以勒鲁瓦认定他是强盗的同伙。

值得怀疑的目击证人

江都最有名气的侦探迈克，在一个月色朦胧的阴森夜晚，信步走到汤岛天神像下面。突然，听到陡坡处发出一声撕裂夜空的惊叫，他吃惊地赶过去一看，一个美丽的女子倒在高高的台阶下死去，背后直直地插着一支箭。旁边有个公子打扮的人，他脸色发青地站在那儿。

当迈克问他原委时，那个人这样回答说：“我正要上台阶的时候，突然从台阶上面的神宫院内传来惊叫声，这个姑娘从上边滚了下来，我惊呆了。一定是什么坏人从神宫院内的什么地方射的箭，可是因天很黑，我又在台阶下面，没看见那个坏蛋的影子。”

但迈克不相信这个家伙的话，反倒将他作为坏蛋逮捕了。

你知道这是为什么吗?

我是答案

值得怀疑的目击证人

迈克看见被害人背上插着的那支箭直直地竖立着，就认准此人便是凶手。

因为，如果那个姑娘真是从台阶上滚下来的话，那么从高高的台阶上滚下来时，箭杆一定会折断的。一定是凶手把姑娘从台阶上推下来然后再用手插上这支箭的。

是谁暗杀了老人

一声枪响打破了冬日黄昏的宁静，名探亨特正漫步街头，他看见不远处一个老人跌向房门，慢慢地倒了下去。亨特和街上仅有的另外两个人，先后跑了过去，发现老人背部中弹，已经死去。

亨特看见这两个人都戴着手套，便问他们刚才在做什么。第一位说："我叫巴斯，我看见这位老人刚要锁门，枪一响，他应声而倒，

我便立即跑来。”第二位说：“我叫科尔，听到枪声不知发生了什么事，看到你俩往这儿跑，我也就跟着赶来。”

钥匙还插在房门上的锁孔里，巴斯打开锁，走进房间，打电话报警。警察来了以后，亨特指着一个人说：“把他拘留审问。”

拘留的是谁?为什么?

我是答案

是谁暗杀了老人

拘留的是巴斯。此人知道被害人当时是在锁房门，而不是开房门。他一定是一直窥视着这座房子，否则他不可能知道被害人是要出门还是要回家来。

这个证人做的是伪证

善于利用推理来侦破形形色色的案件的亨特，平日对事物观察入微，对种种自然现象都了解得一清二楚。凭着日积月累的真本事，他揭穿了许多假话，撕下了一张又一张假面具，及时拨正了办案方向。

一次在法庭上，有位原告方面的证人出庭作证说："那间房子的光线是极其暗淡的。我进入房间时，一眼就看见地上躺着一具尸体。尸体旁边流着许多殷红的鲜血，令人惨不忍睹，毛骨悚然。"

亨特佯笑地问："先生，你能肯定你看得一清二楚吗?"

那人面对亨特，拍着胸脯回答道："完全肯定!而且我还清楚地看见死者上身穿的是一件红色衬衣!"

亨特冷声一笑，转身对旁听席上的群众说："我现在郑重告诉诸位女士诸位先生，这个证人作的是伪证，证词完全不可信!"

您能猜出证人的证词假在何处吗?

我是答案

这个证人做的是伪证

在极其暗淡的光线下，红色是完全看不出来的。所以证人不可能在当时的情况下看清殷红的鲜血和红色的衬衣。

发生在8点20分的案件

在某县城，发生了一桩案件。

有一个女人从大楼下走过，结果在楼下被暗杀了。有人向公安局报案，公安人员来到现场后，断定被害人是晚上8点20分被杀害的。当时，楼上只有3个修理钟表的男人，这3个人都有嫌疑。

当公安人员审问时，一个说：“我8点20分正给手表上弦。”一个说：“我正在给闹钟上弦。”最后一个说：“我正给挂钟上弦。”

公安人员沉思了一会，就对第三个人说：你有问题，请你去公安局一趟。

事实证明第三个人正是杀人犯。试问，这是为什么呢?

我是答案

发生在8点20分的案件

因为8点20分是不能给挂钟上弦的，因长短针把上弦的“眼”挡住了。

一个精心安排的谋杀现场

用完晚餐后，大侦探亨特正和汉普斯警长在树林的帐篷中聊天，乔治突然闯了进来。

“快点，警长，”他上气不接下气地说，“卡尔被人杀死了!”

在赶往他的露营地的途中，乔治叙述了凶杀案的经过：“1小时之前，我和卡尔正准备喝咖啡，树林中突然钻出两个人，我们以为他们是猎人，便邀请他们来共享咖啡，谁知他们却明火执仗地抢劫。

“卡尔自恃身高体壮，会几下拳脚，就扑向领头的劫匪，搏斗中不幸被另一个家伙用枪托击中头部。两个劫匪把我们捆住，将钱抢掠一空之后逃走了。

“我在岩石上蹭了很久才磨断绳索。当我解开卡尔身上的绳子时，他已经死了。想到你们也在这里露营，我就找来了。”

在乔治的露营地，亨特看到卡尔仰卧在快要熄灭的火堆旁，一条割断的绳子散乱地扔在旁边。一码之外另有一条较长的绳子，显然是捆乔治的那一条。

两条睡袋和两个帆布背包丢在地上，在一块平坦的大石上摆着两副杯碟和刀叉，杯中干净无物。

亨特仔细检查了一下尸体，得出结论：“卡尔死于1小时之前，死因是钝器击碎颅骨。”

在沉默之中，火堆上的黑色咖啡壶忽然发出“吱吱”的声响，滚开的咖啡香喷喷溢出来，滴落在粗大的仍未燃尽的炭火上。

汉普斯打破了沉默，对乔治说：“好一个精心安排的谋杀现场。

可惜你犯了一个致命的错误。”

乔治在哪儿露出了破绽?

我是答案

一个精心安排的谋杀现场

假如如乔治所说，1小时前即劫匪到来之前，咖啡壶就已坐在火堆上，那么水就会差不多煮干，不可能溢出来。由此看来乔治是坐上水壶之后才去报警的。

真的是意外事故吗

一个周末，大侦探亨特在密林中打猎时，突然发现一具穿打猎装的中年男尸僵卧在山谷的灌木丛中。验尸结果表明，死者是被一支大口径猎枪打死的，子弹由肛门射入，贯穿肠胃后进入心脏。身体表面没有外伤痕迹。

警方调查后确认死者是约翰·米尔斯，纽约人，最近与朋友怀特、基恩在案发现场附近一起租了个狩猎窝棚。

检察官开始审问50岁的基恩。

基恩沉痛地说："约翰和我每年都来这里打猎，同租一个窝棚，我们一向是满载而归。前天，我见灌木丛中有块嶙峋突兀的大岩石，于是我爬上去碰碰运气，希望居高临下，能发现猎物。忽然，我听到约翰一声惨叫，原来是一只棕熊向他猛扑过去。我急忙开枪，但只打中熊腿。待我再打第二枪时，约翰突然站立在那儿，挡在熊前面，误中子弹倒在地上。那熊跑掉了，我吓坏了，不敢报案，但我发誓这是意外事故。"

"你说的全是假话!"旁听的大侦探亨特听完基恩的供词后说。接着，他讲述了自己的理由。

基恩知道自己编造的谎言露了馅，只得沮丧地低下了头。

你知道亨特的理由是什么吗?

我是答案

真的是意外事故吗

亨特侦探对基恩说："你从岩石上向下开枪，弹道只能从上朝下，但杀死约翰的子弹却从下向上飞行——从肛门射入心脏。唯一的可能是，约翰中弹时正撅着屁股趴在地上。但你却说约翰突然站立在那儿挡在熊的前面。所以这并不是意外事故，而是你故意杀人!"

抢劫嫌疑人的破绽

晚饭时，戈麦斯局长接到了一个电话，是局里的值班员打来的，说是街上的一家点心店遭到了抢劫。罪犯在混乱中逃跑了，但有人在人群中看到了刚从监狱里释放出来的约翰·阿博德。这个人有抢劫的嫌疑，不过没有凭据加以确定。

戈麦斯局长接到电话后，打算去找约翰核实一下。他开着警车，在郊区的一间房子前停了下来，门口停着一辆红色汽车，说明屋里有人。那个约翰就住在这所房子里。

约翰闻声从房子里走出来，他手里抱着个一岁多点模样像洋娃娃似的孩子。他看到了戈麦斯局长，不免有些慌张。

戈麦斯局长严厉地说："把孩子放下，两手背起来，好好回答我的问话。"

约翰不敢怠慢，想将孩子放在地上，但地上铺满了砾石，而孩子光着脚，于是他就把孩子放在汽车的挡泥板上，自己将高举的双手放在脑后，问道："怎么啦?局长，出狱后我一向安分守己的，寂寞时，就逗逗孩子玩，这是我的外甥。"说到那孩子，局长发现那孩子已从汽车的挡泥板上爬到了车前盖的平板上，平板很滑，倘若掉下来，是很危险的，戈麦斯忙上前将孩子抱在怀里，他对约翰说："今天，有人看见你到点心店去了，那里发生了抢劫案。"约翰接过孩子，那孩子还想要去汽车的前盖上玩。约翰就将他放在那里，一手扶着他回答说："局长先生，今天我到桑德尔海滩去洗海水澡了，一来一回开着汽车行驶了12个钟头，5分钟前才到家，您就来了，我怎么会去抢劫点心店呢?"

戈麦斯局长审视着约翰的脸色："你没撒谎吗?""在局长面前，我怎敢撒谎?"戈麦斯局长说了一句话，一下子揭穿了约翰的谎言。你知道他说的是什么吗?

我是答案

抢劫嫌疑人的破绽

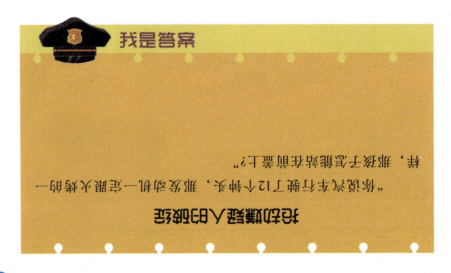

"你说汽车行驶了12个钟头，那发动机一定跟火烤的一样，那孩子怎能站在前盖上?"

排除自杀的证据

夏日的一天，歌手明一郎的尸体在村头树林中被发现。他是坐在敞篷汽车的驾驶座上死去的。车篷折叠着。他是三天前自己开车出去兜风时失踪的。因车前部

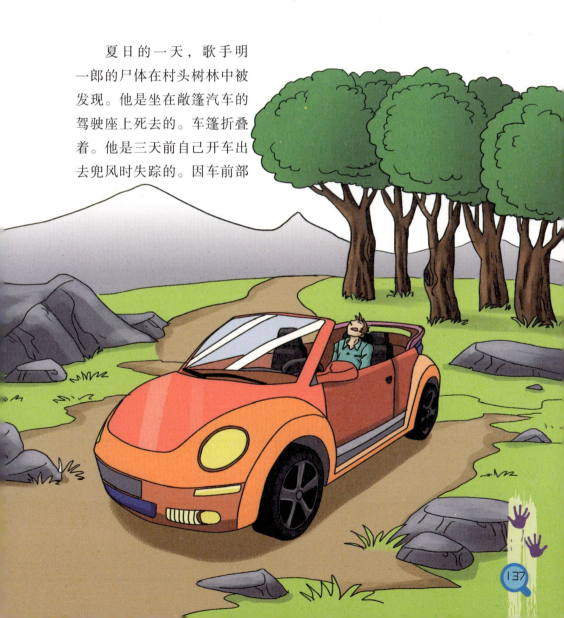

的工具箱中有一瓶氰化钾和一封遗书，所以人们认为他是服毒自杀的。死亡时间，据法医检验，是前天中午左右。

“前天中午?”亨特侦探翻开自己的日记看了一下，上面除了写着“下了一天雨，整天待在家里”以外，没有记载别的事。

然而，亨特却突然说：“如果是前天中午左右，就一定不是死在这个地方……明一郎并非自杀，是他杀。工具箱中的遗书肯定是伪造的，想必凶手是为了让人看起来是自杀，才将尸体搬到这个敞篷车上，于昨天弄到这儿来的。然而，那时将车篷折叠起来，正是凶手的失误。”

亨特侦探想起了什么而断定是他杀呢?

我是答案

排除自杀的证据

亨特侦探想起前天当地曾下过雨。这样，当他看到敞篷车的车篷折叠着时就断定是移尸来此。因为下着雨，车篷是不应该折叠着的。

霍华德先生撒谎的证据

一天中午11点55分，为洗衣店送货的保罗驾车来到霍华德家，将车停在道上。他大约用了两分钟填写上午的送货单，然后拿着一套礼服和一套西装下了车。

关车门时，他发现车子的前轮正好压在花园的胶皮水管上，水管的另一头通到屋后的车库。于是，他将汽车向前开了几英尺，开进了霍华德家空着的车库。车库通往厨房的门正开着，霍华德太太倒在炉子旁边。他赶快跑过去，试图使她苏醒过来。正在这时，霍华德先生通过车库开着的门走了进来，扭住了保罗，指控他谋杀霍华德太太。

警方认为证据不足，指控难以成立。霍华德太太经抢救虽已脱险，但精神失常，无法分辨凶手是谁。警长找到名探亨特请教。亨特问："当时她的丈夫在干什么呢?"

警长说："根据他自己的证词，他正好在后花园里浇水。他用胶皮水管给花坊和树篱浇了半小时水，发现一辆卡车开进了他的车库，于是走过去看个究竟。"亨特马上准确地判断出：保罗没有说谎，倒是霍华德先生撒了谎。你知道亨特侦探是凭什么疑点进行推断的吗?

我是答案

霍华德先生撒谎的证据

亨特侦探推断凶手是霍华德。当他正要掐死自己妻子时，发现来了一个送货人，于是他慌忙跑到后院，以正在浇花为托词。如果他一直在花园浇花，他就会查看为什么会停水，保罗的卡车前轮不是压在水管上大约两分钟吗？